Calvino em JornadaS

Calvino em JornadaS

Bruna Ferraz
Juan Silveira
Maria Fernanda Moreira
Marília Matos
Tereza Virgínia Barbosa
(Orgs.)

© Relicário Edições
© Autores

CIP –Brasil Catalogação-na-Fonte | Sindicato Nacional dos Editores de Livro, RJ

C168

    Calvino em Jornadas / Organizadores Bruna Ferraz... [et al.]. –
Belo Horizonte: Relicário, 2015.
148 p. : 15,5 x 22,5 cm
Inclui bibliografia.
ISBN 978-85-66786-12-5

    1. Calvino, Italo, 1923-1985 – Crítica e interpretação. I. Ferraz, Bruna. II. Silveira, Juan. III. Moreira, Maria Fernanda. IV. Mattos, Marília. V. Barbosa, Tereza Virgínia. VI. Título.

                                          CDD-854

COORDENAÇÃO EDITORIAL Maíra Nassif Passos
PROJETO GRÁFICO & DIAGRAMAÇÃO Ana C. Bahia
CAPA: Cláudio Silvano
REVISÃO Bruna Ferraz, Juan Silveira e Maria Fernanda Moreira

CONSELHO EDITORIAL

Eduardo Veras (UNICAMP)
Ernani Chaves (UFPA)
Guilherme Paoliello (UFOP)
Gustavo Silveira Ribeiro (UFBA)
Luiz Rohden (UNISINOS)
Marco Aurélio Werle (USP)
Markus Schäffauer (UNIVERSITÄT HAMBURG)
Patrícia Lavelle (EHESS/PARIS)
Pedro Sussekind (UFF)
Ricardo Barbosa (UERJ)
Romero Freitas (UFOP)
Virgínia Figueiredo (UFMG)
Davidson de Oliveira Diniz (UFRJ)

RELICÁRIO EDIÇÕES
www.relicarioedicoes.com
contato@relicarioedicoes.com

Prefácio   7

Calvino & sua biblioteca

O esquilo da pena e o homem-livro, seu clássico:
um caso de pantufas desparelhadas
Ana Maria Chiarini   11

Por filamentos de ternura e riso:
o herói joão-ninguém de Italo Calvino
Claudia Maia   21

Clássicos do individualismo moderno:
Italo Calvino escreve a respeito de Robinson Crusoé
Odalice de Castro Silva   31

A erudição do espectador:
Calvino e seus clássicos cinematográficos
Pedro Henrique Trindade Kalil Auad   45

Calvino & os saberes

Italo Calvino e Giorgio Agamben:
projetos de revistas e seus desdobramentos
Bruna Fontes Ferraz   57

As palavras e seus sentidos em Calvino
Georg Otte   69

Corpos prenhes de incerteza:
literatura e saber trágico em Italo Calvino
Luiz Lopes   79

As intrínsecas relações entre realidade e fantasia
na obra de Italo Calvino
Marília Matos   89

Calvino & o contemporâneo

Modos de ler os clássicos na modernidade: a propósito de Borges, Calvino e a temporalização literária do romantismo teórico
Davidson de Oliveira Diniz   99

Calvino e o Klássico (com K), do Mayombe Grupo de Teatro
Flávia Almeida Vieira Resende   115

Entre o real e o ficcional:
o cavaleiro inexistente como alegoria do sujeito moderno
Juliana Zanetti de Paiva   125

A fortuna de Calvino na imprensa paulistana:
os excessos de uma sintonia
Lucia Wataghin   139

PREFÁCIO

Na página aberta de uma entrevista, lemos o relato de Calvino sobre o estabelecimento do arcabouço estrutural de algum livro seu, e logo nos vem à mente a imagem do homem acordando contínuas noites para preencher folhas e folhas, separando-as em seções, pastas, cadernos. A imagem que segue é de uma prensa imprimindo algo desse material, já organizado em capítulos e subcapítulos de uma escrita extremamente elaborada. Mas o pesado labor do homem que desejava tornar-se uma pena logo se contrapõe à clássica classificação do autor como um esquilo, ágil em seus movimentos, leve em suas idas e vindas.

Outra página de outro livro nos faz prosseguir esta sutil imagem, e agora é Perseu alado que enfrenta a petrificação da (moderna) realidade. Virando páginas e páginas, a imagem do magma de todas as coisas torna-se as vigas e contrapesos de Tolstói, o tapete de Flaubert, a alcachofra de Gadda... A cidade teia-de-aranha sustenta um castelo de cartas, que explode na risada de um escritor em crise na Via Veneto. Cada página, frase e esquema desse mestre italiano nos evoca a reflexão de nosso tempo. Isso, insistentemente, por imagens de uma limpidez marcante. Mas a superfície límpida, transparente, torna-se espelho, cristal multifacetado, e eis-nos novamente sem saber que imagem melhor expressaria Italo Calvino e sua escrita.

Homem múltiplo como Odisseu, desejou ser Mercúcio, pela suave evocação deste à rainha dos sonhos e por sua sabedoria em um mundo de brutalidade. Fiquemos com essa escolha, e consideremos que escrever literatura e sobre literatura e sobre os clássicos em 1981 representa, como as demais escolhas estilísticas de Calvino, uma busca por leveza e pelo sonho.

Ao empreendermos uma jornada – a Jornada Calvino e Seus Clássicos – de ensaios, comunicações e palestras sobre o autor, desejamos, em 2014, dar continuidade à necessidade, desde que os clássicos (sejam eles quais e o que forem) vêm ao mundo, de falar sobre os clássicos. Esta publicação continua nosso diálogo com estes e Calvino, interagindo ele, como lhe é próprio, com várias literaturas, obras cinematográficas e teatrais, filosofia, crítica...

Dois horizontes nortearam o livro *Calvino em jornadaS*. O primeiro foi um interesse que por vezes nos encaminhou mais pelas referidas questões-preocupações de Calvino do que pelo próprio escritor. Este lia com certa naturalidade (derivada de um empenho aparentemente incansável e rigoroso) o mundo como um conjunto de símbolos igualmente relevantes para compreender o entorno: lia folhas de árvore e de Cervantes, um ícone canino de Charles Schulz e a artificialização da natureza. Por essa luz, guiamo-nos a ler nosso passado e nosso presente de salas de cinema, teatro e estantes abarrotadas de livros; a urbanidade por vezes pavorosa, por outras terna, de muitas metrópoles; o pensamento que nasce dos diálogos mundanos entre "Calvino & sua biblioteca".

Essa compreensão cruza-se à de nosso segundo farol: o clássico como um conceito amparado não apenas na "legitimação" ou na "antiguidade". O clássico como um livro (ou DVD) em nossa estante apenas, construto de valor produzido não só por sua pátina de tempo ou por uma nuvem crítica. O clássico como uma obra que nos atinge, a qual tornamos um equivalente do universo ou que contrasta com o rumor exterior, sendo ela o próprio rumor emergente no presente, de onde podemos falar, sem hálito de poeira, de "Calvino & o contemporâneo". Assim, as jornadas aqui escritas compreendem o clássico em amplitude, em sua variedade.

Cada escrita que apresentamos ao Leitor é para nós uma jornada, um laborioso esforço de leitura de Calvino; um percurso diário para perfazer um trajeto desejado; mas também uma divisão festiva, um ato de folguedo ou de drama clássico. *Calvino em jornadaS* é uma jornada de vários textos, de vários dias; um esforço noturno continuado de retirar das pastas os papéis, de embaralhá-los, de reordená-los sabendo que as seções serão apenas diálogos, colisões, acúmulos efêmeros a que, no desejo de entendimento, chamamos "saberes". Que neles se pesem as relações, mais que as construções, cavadas – aqui – no exame de encontros marcados ou não entre "Calvino & os saberes".

Ainda: nossas Jornadas são uma metafórica odisseia de narrativas que buscam a impossível retomada do lar perdido. Em um mundo paradoxal e múltiplo, por mais um dia, Leitor, falemos de nossos clássicos, guiados por Italo Calvino, clássico de nossos tempos, "que nunca terminou de dizer aquilo que tinha para dizer".

Juan Silveira

CALVINO & SUA BIBLIOTECA

O ESQUILO DA PENA E O HOMEM-LIVRO, SEU CLÁSSICO:
um caso de pantufas desparelhadas

Ana Maria Chiarini[1]

A amizade com Cesare Pavese tem início em 1945, em Turim, quando Calvino ainda é estudante de Letras e Pavese é já um dos grandes autores e editores da Einaudi. É Pavese quem o incentiva a escrever o primeiro romance, é Pavese quem o apresenta à editora com a qual manterá um forte vínculo ao longo de toda a vida. É ele o amigo mais experiente e o leitor primeiro e ideal de suas primeiras obras até que o suicídio, em agosto de 1950, vem dissolver esse laço. Depois da morte, cabe a Calvino dedicar-se a uma série de iniciativas envolvendo o nome do amigo: a publicação do diário – *Il mestiere di vivere*[2] –, bem como de poesias, contos e cartas ainda inéditos; as importantes reflexões críticas sobre a produção de Pavese publicadas em 1955, 1960 e 1962; o ensaio de 1966, que, posteriormente, virá a integrar *Por que ler os clássicos*. Aliás, na nota da edição italiana desse volume, a viúva Esther Calvino esclarece que, ao selecionar os autores do século XX para a organização, dera preferência "ai saggi sugli scrittori e poeti per i quali Calvino nutriva una particolare ammirazione" (Calvino, 2011, p. 3)[3].

A partir do substrato de fatos e dados biográficos que marcam essa amizade, no entanto, podemos nos perguntar se a obra de Pavese realmente deve ser colocada ao lado dos clássicos de nosso autor. Diante da longa trajetória calviniana e da afirmação de que "a biblioteca do conde Monaldo

---

1. Professora de Língua e Literatura Italiana na Faculdade de Letras da UFMG. Contato: anachiarini@gmail.com
2. *Ofício de Viver*, traduzido por Homero Freitas de Andrade, publicado pela Bertrand Brasil em 1988.
3. "aos ensaios sobre escritores e poetas pelos quais Calvino nutria uma admiração particular" (tradução minha).

explodiu" e "os velhos títulos foram dizimados" (Calvino, 1993, p. 16), seria mesmo razoável posicionar Pavese, por exemplo, ao lado de Galileu, outro itálico, na estante privilegiada de Calvino? Decerto se "[o] 'seu' clássico é aquele que não pode ser-lhe indiferente e que serve para definir a você próprio em relação e talvez em contraste com ele" (Calvino, 1993, p.13), é cabível perguntar como o ágil e curioso esquilo da pena – note-se, alcunha dada pelo amigo – se relaciona com a densa e elíptica obra pavesiana. Não teria sido esta esquecida com indiferença na estante mais inacessível e empoeirada? E, sendo assim, poderia ainda ser considerada um clássico?

Já em 1962, no ensaio "O desafio ao labirinto", tentando pensar uma literatura que resista às máquinas, à automação e à sociedade industrializada, nosso autor argumenta que Pavese, igualmente preocupado com esse desafio, fora um "precursor isolado" (Calvino, 2009, p.110), mas propusera caminhos que haviam sido apropriados por outros ou haviam se tornado banais. Em outras palavras, já na década de 60, Calvino constata que o mundo mudou e ele próprio mudou, distanciando-se anos luz do jovem escritor e leitor da segunda metade dos anos 40.

Avançando um pouco mais na dúvida que move este texto, conviria então propor uma outra pergunta: qual texto pavesiano em particular seria o clássico eleito? Em "Pavese e os sacrifícios humanos", que compõe *Por que ler os clássicos*, Calvino destaca o romance *A lua e as fogueiras*, pelo qual, porém, não manifesta entusiasmo num ensaio anterior[4]. Naquela ocasião, romances importantes da maturidade do amigo – *La casa in collina*, *Il diavolo sulle colline* e *Tra donne sole*[5] – também haviam sido considerados apenas "degraus de aproximação de uma forma de expressão total" (Calvino, 2009, p.78). Antes ainda, numa carta a Pavese datada de 27 de julho de 1949, o lígure mostra-se bastante crítico à protagonista do então manuscrito *Tra donne sole*[6] e, de quebra, faz comentários não muito lisonjeiros a outras personagens e obras do escritor piemontês, que, com ironia, retruca, cul-

---

4. Publicado em 1960, o ensaio intitula-se "Pavese: ser e fazer" e compõe a coletânea *Assunto Encerrado*.
5. O último foi traduzido por Jorge de Sena e recebeu o título *Mulheres Sós*.
6. Calvino comenta sobre Clelia, a protagonista do romance: "E la cosa che scombussola di più è quella donna-cavallo pelosa, con la voce cavernosa e l'alito che sa di pipa, che parla in prima persona e fin da principio si capisce che sei tu con la parrucca e i seni finti" (Ferrero, 1998, p. V). ("E o que mais desconcerta é aquela mulher-cavalo peluda, com voz cavernosa e hálito de cachimbo, que fala na primeira pessoa e desde o início percebemos que é você de peruca e seios falsos").

pando o Calvino fabulador por uma notável incoerência na análise[7]. Em síntese, a partir das palavras dedicadas a Pavese, podemos concluir que a preferência do leitor e crítico Italo Calvino recai sobre duas obras: *Diálogos com Leucò*, a investigação existencial/mitológica em forma de 27 breves contos, e o diário, *Ofício de viver*. Tal predileção, diga-se, não causa maior surpresa: *Diálogos com Leucò* reconhecidamente representa um ponto alto da produção pavesiana, bem como o diário – um diário íntimo, mas também um laboratório de reflexões sobre a própria escrita. Essa admiração especial pelo diário permitirá que avancemos em algumas observações.

Parece-me importante ressaltar, apesar da obviedade, que, no limite, quando nos perguntamos sobre os clássicos, estamos nos perguntando sobre os laços que perduram ao longo dos anos. Ou, como faz Palomar, perguntamo-nos sobre as outras pantufas desparelhadas – irremediavelmente desparelhadas – na esperança de que não estejam perdidas no monte do velho bazar e sigam claudicantes, ao longe, em outro continente ou em outra época. Quando nos perguntamos sobre os clássicos, participamos tanto da fúria ordenadora e desencantada do senhor Palomar, quanto da busca ávida por simetrias, sinapses e sinergias, no tempo e no espaço, do Calvino das últimas décadas. Diante de mais um dia caminhando com pantufas desparelhadas, só nos resta almejar por solidariedade e, nesse caso, uma solidariedade modelo, exemplar – em síntese, clássica –, que nos ajude a caminhar ou a arrastar os pés, com dignidade, em meio às ideias e aos fatos do mundo.

Cesare Pavese, contido e orgulhoso, mas por demais sensível à condição de homem de pantufas desparelhadas, muitas vezes errava o passo em seus quarenta e dois anos de vida até o suicídio em um quarto de hotel, onde executa um gesto semelhante ao de uma das personagens do seu *Mulheres sós*. Entretanto, como bem aponta Calvino, seria injusto que a morte trágica e as crises de depressão obscurecessem a outra face de alguém que também sabe caminhar obstinado e com firmeza:

> Para nós que o conhecemos durante seus últimos cinco anos de vida, Pavese continua sendo o homem da exata operosidade no estudo, no trabalho criativo, no trabalho da editoria, o homem para quem cada gesto, cada hora tinha

---

[7]. "Applichi due schemi, come due occhiali, al libro e ne cavi impressioni discordanti che non ti curi di comporre" (Ferrero, 1998, p. VII). ("Você aplica dois esquemas, como duas lentes, ao livro, e tira impressões discordantes que não se preocupa em conciliar").

uma função própria e um fruto próprio, cujos laconismos e insociabilidade eram defesas de seu fazer e de seu ser, cujo nervosismo era aquele de quem está totalmente tomado por uma febre ativa, cujos ócios e divertimentos parcimoniosos, mas saboreados com sabedoria, eram aqueles de quem sabe trabalhar duro. (Calvino, 2009, p. 74)

Se hoje seus romances não são mais lidos, restando apenas algum interesse por sua poesia, se o próprio Calvino e Pasolini, aos poucos, o substituíram nas décadas de 70 e 80 como modelos de intelectuais e literatos no panorama internacional e italiano, não podemos nos esquecer de que, ainda em vida, com seriedade e ambição, Pavese construiu um prestígio e um protagonismo indiscutíveis na cena cultural da península. Era respeitadíssimo por seus pares, foi exemplo para as jovens gerações e, sem dúvida, sua posição central na editora Einaudi garantia-lhe poder. Segundo Dias (2009, p. 51), "todos os que trabalharam com ele entre 1938 e 1950 chamaram a atenção para o seu rigorismo, a precisão de relojoeiro em tudo o que fazia, a seriedade com que tratava a obra alheia e acima de tudo a própria". Operosidade, eficiência e calvinismo (e aqui a referência é ao outro Calvino, aquele da Reforma Protestante) foram termos com frequência utilizados para caracterizá-lo e compor sua fortuna crítica. Seu diário se intitula *Ofício de viver* e sua primeira coletânea de poemas, *Trabalhar cansa*, sugerindo ambos a centralidade do trabalho na vida do "homem livro" – epíteto usado por aqueles que o rodeavam e pelo próprio Pavese.

Neste sentido, no ensaio "Pavese: ser e fazer", Calvino argumenta que a autoconstrução pavesiana como um projeto consciente, claro e ambicioso, é o que atravessa a obra do amigo e perdura para seus leitores. Ser e fazer se entrelaçam, costurando mundo escrito e mundo não escrito, na elaboração de um estilo particular, ou seja, na "escolha de um sistema de coordenadas essenciais para expressar nossa relação com o mundo" (Calvino, 2009, p. 73). No caso de Pavese, tal estilo se define tanto no plano da expressão poética quanto da consciência moral por uma "operação que ele levou adiante, de redução e de escolha e aprofundamento dentro de um dado inicial bruto e surdo e negativo" (Calvino, 2009, p. 73). Trata-se do "ser tragicamente" como projeto de literatura e de vida que Calvino resgata de uma das primeiras páginas do diário *Ofício de viver* e explica: "*ser tragicamente* significa conduzir o drama individual (...) a uma força concentrada que deixe sua marca em cada tipo de ação, de obra" (Calvino, 2009, p. 75-76). Aqui caberia explicitar que na tragédia, como demonstra Lesky (2006), embora o destino humano esteja nas mãos dos deuses e a contradição instaurada só se solucione com a morte, o sujeito trágico tem plena consciência do que se abateu sobre ele. Assim como Pavese.

É justo nesse ponto que é possível identificar o primeiro vínculo entre o nosso autor e seu clássico, a primeira ressonância pavesiana, qual seja, a ênfase sobre as escolhas conscientes, essenciais, exatas, mas densas de sentido, que vêm à tona na transmutação da tensão existencial em expressão poética e atuação histórica – em Pavese, transmutação que se dá como um projeto em que a própria morte parece estar prevista. Ressalte-se que aqui chamamos em causa um Calvino ainda jovem, que ainda acredita, e aposta, na tarefa ética da literatura de mudar o mundo, e para quem não interessa o drama, mas a dimensão positiva e enriquecedora do trabalho, da construção e da racionalidade do fazer pavesiano. No ensaio "A medula do leão", de 1955, nosso autor afirma que continua a admirar Thomas Mann, Picasso e Pavese, não pelo que eles têm de obscuro, irracional ou decadente, mas por aquilo "que neles é núcleo de humanidade racional, de uma clareza clássica que toca o fogo e não queima" (Calvino, 2009, p. 26). E é essa clareza clássica que toca o fogo e não queima o que, a meu ver, seduz para a eternidade, de maneira irrevogável, o Calvino de todas as temporadas criativas. É nesse núcleo de humanidade racional que ele ouve ecoar os passos de suas pantufas desparelhadas.

Quanto ao segundo vínculo entre o nosso autor e seu clássico – e aqui é muito apropriado falar de solidariedade –, ouso identificá-lo num aspecto que, à primeira vista, pode parecer pouco calviniano: no sentimento de exclusão e num posicionamento à margem.

No ensaio que compõe *Por que ler os clássicos*, o sentir-se excluído é destacado como "tema lírico dominante" (Calvino, 1993, p. 275) de toda a obra pavesiana e de *A lua e as fogueiras* em particular, considerado por muitos uma súmula final premeditadamente produzida pelo autor às vésperas do ato fatídico. Nesse romance, Anguilla, o protagonista sem nome cujo apelido significa "enguia", é um órfão, já homem feito e bem-sucedido, que retorna à terra natal vinte anos depois da partida para os Estados Unidos como emigrado. A Segunda Guerra acabou, dramas e tragédias marcaram as pessoas e os cenários da infância, que certamente mudaram, mas também permaneceram os mesmos, diante da lua impassível e das fogueiras dos rituais campesinos que destroem o velho e renovam o solo. Mito e história, o fluir e o repetir-se – questões caras a Pavese –, arrebatam o enjeitado e solitário protagonista em seus encontros com o passado e com os novos habitantes do lugar, mas não lhe conferem inteireza, participação ou pertencimento. Anguilla segue sem raízes e sem escoras, peixe veloz a percorrer enormes distâncias entre o mar e o rio.

Note-se que Calvino já apontava para essa face do autor no ensaio "A medula do leão", publicado onze anos antes. Ao criticar o taciturno amigo – que, por sua vez, criticava os narradores intelectuais que o precediam –, afirma que Pavese, apesar de escrever poemas cujos personagens são operários, barqueiros e bebedores, "nunca nos deixa esquecer que o protagonista não é o operário ou o barqueiro ou o bebedor, mas o homem que os está observando de viés, da mesa oposta da taberna, e que gostaria de ser como eles mas não sabe", ou ainda que o protagonista é "o homem que sabe que tem de ficar à margem lendo a história que os outros vivem" (Calvino, 2009, p. 11-12).

Mas e quanto ao próprio Calvino e à sua obra? Como é possível falar em perspectiva da margem ou exclusão no caso desse escritor prolífico, intelectual pronto a se envolver em polêmicas várias, figura incontornável dos debates mais acesos, que, ao morrer, já se adiantava em caracterizar uma literatura que não teria tempo em vida de conhecer? Onde ressoa o sentimento de exclusão dos solitários personagens pavesianos em seus textos?

De fato, segundo Barenghi (2002, p. VII), com o passar dos anos, a relação problemática entre cultura literária e contexto social foi sendo aos poucos substituída no horizonte calviniano por uma outra entre o universo da escrita – cada vez mais propenso a se fechar em si mesmo, destacar-se do mundo – e todo o resto, um resto "alieno, remoto, indecifrabile, eppure oggetto di una irrinunciabile tensione, che sola può dare senso all'uso letterario della parola"[8]. Em outras palavras, ao Calvino dos últimos tempos, a realidade não mais interessa, a experiência real só é fonte de desorientação e não serve de guia para novas experiências. Nesse sentido, é famoso o tom fortemente carregado de pessimismo de uma apresentação escrita em 1980 para a coletânea *Assunto encerrado*:

> A sociedade manifesta-se como colapso, como desmoronamento, como gangrena (ou, em seus aspectos menos catastróficos, como vida do dia a dia); e a literatura sobrevive dispersa nas fissuras e nas desconjunções, como cons-

---

[8]. "alheio, remoto, indecifrável e, no entanto, objeto de uma irrenunciável tensão, que sozinha pode dar sentido ao uso literário da palavra".

ciência de que nenhuma ruína será tão definitiva a ponto de excluir outras. (Calvino, 2009, p. 7-8)

E aqui retorno aos últimos personagens dos dois escritores para explicitar um pouco mais este segundo vínculo entre Calvino e seu clássico. Crítico agudo, observador treinado que busca a miudeza e o cósmico tanto nos acontecimentos pedestres e nos objetos prosaicos, quanto nas grandes coisas e ocasiões, Palomar se deleita com a pureza da descoberta, mas é constantemente frustrado pelo desenvolvimento dos fatos e incompreensão das pessoas, restando-lhe apenas se afastar do convívio social e se recolher às suas minuciosas descrições. Anguilla, o protagonista pavesiano de *A lua e as fogueiras*, é também um atento excluído, que observa, revê sem cessar e não participa, como alguém que se atrasou para a festa, já finda, ou chegou à praça no dia seguinte da feira e à vinha depois da colheita[9].

Recorrendo à argumentação de Calvino sobre o amigo, se *A lua e as fogueiras* trata de um solitário que lê a história que os outros vivem, a caracterização de Palomar como um solitário leitor do mundo também não seria, de modo algum, descabida. Embora Palomar não observe apenas de viés, nem pretenda ser como os outros, como afirma Calvino sobre o amigo e seus personagens, é justamente a sua condição de ser à margem, de ser que observa sem pertencer, o que nos diverte e emociona; é justamente desse homem arredio ao mundo não escrito, tal qual seu autor nos últimos anos de vida, que tratam os breves contos.

Porém, é importante notar que nesse jogo de olhares, lentes e enquadramentos, nem tudo é convergência. O excluído Palomar não se propõe apenas a descrever em sua sanha descritiva: ele medita, analisa, cataloga – em síntese, ordena – para conhecer e aplacar o mal estar que o entorno lhe provoca. Tal qual Calvino, segundo vários de seus críticos[10]. Já Pavese, seus protagonistas e narradores intelectuais, ou apenas observadores à margem, não parecem pretender a ordem ao lerem o mundo e a história. Eles sabem de antemão que a ordem não é possível, mas prezam por uma atitude de clareza racional diante dos perigos do fogo.

---

9. "Quel che restava era come una piazza l'indomani della fiera, una vigna dopo la vendemmia" (Pavese, 1991, p. 69).
10. Alfonso Berardinelli talvez tenha escrito o texto mais contundente a esse respeito. O ensaio foi originalmente publicado em 1991 e traduzido para o português em 1999 por Maria Betânia Amoroso.

Enfim, tentando resumir os caminhos de minha argumentação, cabe dizer que, nesse breve exercício de aproximação/distanciamento entre Calvino e seu clássico, duas perguntas se delinearam: teria Calvino retirado Pavese de sua biblioteca e de seu repertório mobilizador ou, ao contrário, o nosso esquilo da pena teria se tornado um pouco homem-livro? Este texto partiu da primeira delas para apontar na direção da segunda, abrigando as razões de ambas e evidenciando dois vínculos entre os autores, o que não me soa contraditório. Já que Agamben define a contemporaneidade como "una singolare relazione col proprio tempo, che aderisce a esso e, insieme, ne prende le distanze"[11] (2009, p. 20-21), parece-me razoável sugerir que, talvez, o mesmo tipo de interação – de convergência discordante ou de justaposição defeituosa – possa ser reivindicada para a relação entre nosso autor, Italo Calvino, e seu clássico, Cesare Pavese. Ou, retomando a metáfora proposta no início, poderíamos concluir dizendo que o clássico acolhe à maneira das pantufas desparelhadas, que protegem a pisada ora deixando uma breve folga, ora provocando um ligeiro aperto, mas sempre causando um salutar incômodo. Pisada protegida, mas não plenamente confortável e aderente ao chão mais imediato, para nos lembrar de que não estamos/somos inteiros aqui/agora.

Referências bibliográficas

AGAMBEN, G. Che cos'è il contemporaneo? In: Agamben, G. *Nudità*. Roma: Nottetempo, 2009, p. 19-32.
BARENGHI, M. Nota al testo. In: Calvino, I. *Mondo scritto e mondo non scritto*. Mondadori, 2002, p. V-VIII.
BERARDINELLI, A. Calvino moralista ou como permanecer sãos depois do fim do mundo. *Novos Estudos CEBRAP*, n. 54, p. 97-113, julho 1999.
CALVINO, I. *Por que ler os clássicos*. Trad.: N. Moulin. São Paulo: Companhia das Letras, 1993.
CALVINO, I. *Perché leggere i classici*. Mondadori, 2011.
CALVINO, I. *Mondo scritto e mondo non scritto*. Mondadori, 2002.
CALVINO, I. *Assunto encerrado – Discursos sobre literatura e sociedade*. Trad.: R. Barni. São Paulo: Companhia das Letras, 2009.

---

11. "uma singular relação com o próprio tempo, que adere a ele e, ao mesmo tempo, dele toma distância".

DIAS, M. S. A oficina irritada de Cesare Pavese. In: Pavese, C. *Trabalhar cansa*. Trad.: Maurício Santana Dias. São Paulo: Cosac Naify, 2009, p. 7-73.

FERRERO, E. Italo Calvino lettore di Pavese: due lettere. In: Pavese, C. *Tra donne sole*. Torino: Einaudi, 1998, p. V-XI.

LESKI, A. *A tragédia grega*. Trad.: J. Guinsburg, G. G. Souza e A. Guzik. São Paulo: Perspectiva, 2010.

PAVESE, C. *La luna e i falò*. Torino: Einaudi Scuola, 1991.

POR FILAMENTOS DE TERNURA E RISO:
o herói joão-ninguém de Italo Calvino

Claudia Maia[1]

> *ó Carlitos, meu e nosso amigo, teus sapatos e teu bigode*
> *caminham numa estrada de pó e esperança.*
>
> Carlos Drummond de Andrade

Marcovaldo, o cândido herói joão-ninguém de Italo Calvino, nasce em 1952, na terceira página do *L'Unitá*, periódico italiano em que foram publicadas seis das histórias que têm o personagem como protagonista. Desde essa época, o escritor já pensava em recolher as narrativas em livro, conforme declara em carta a Maria Corti, de 1975 (Calvino, 2001, p. 1279). A primeira iniciativa se deu em 1958, quando da publicação do volume *I racconti*, em que foram reunidas aquelas seis primeiras publicadas no *L'Unità*, acrescidas de outras quatro (uma inédita[2] e três publicadas, respectivamente, nos seguintes periódicos: *Il Contemporaneo, Il Caffè* e *Corriere d'Informazione*). O livro *Marcovaldo ou As estações na cidade* seria publicado somente em 1963, quando Calvino escreve dez novas narrativas.

Durante quase toda sua carreira de escritor de contos e romances, mantida simultaneamente com o trabalho na Editora Einaudi[3] e com a constante

---

1. Doutora em Literatura Comparada pela Universidade Federal de Minas Gerais; professora do Departamento de Linguagem e Tecnologia do Centro Federal de Educação Tecnológica de Minas Gerais. Contato: maiaclaudia@gmail.com
2. Esta narrativa inédita teve uma primeira publicação em verso, em setembro de 1956, para compor o libreto de uma ópera de Sergio Liberovici, apresentada em outubro do mesmo ano no Teatro Donizetti di Bergamo. (Calvino. *Lettere*: 1940-1985, p. 1283, nota 2, de Luca Baranelli, responsável pela edição).
3. Editora fundada na cidade de Turim, em 1933, por Giulio Einaudi e perseguida pelo regime fascista em virtude de seu posicionamento político de esquerda, onde Calvino trabalhou desde 1946 até quase o fim de sua vida, exercendo diversas atividades (vendedor, redator, dirigente, editor, colaborador), trabalho que lhe propiciou um intenso contato

colaboração em jornais e revistas, Calvino se dedicou a um intenso arranjo e rearranjo de seus textos, muitos deles publicados esparsamente, de forma que a redistribuição de fragmentos textuais preexistentes se tornou pouco a pouco uma das vertentes de seu processo de criação. Declara o escritor:

> Pode acontecer de eu continuar durante anos planejando outros textos a serem acrescentados aos que já escrevi, ainda que esteja tratando de uma coisa totalmente diferente; com efeito, não considero concluída uma operação enquanto não tiver lhe dado um sentido e uma estrutura que eu possa julgar definitiva. (Calvino, 2006, p. 256)

Na esteira da argumentação de Flora Süssekind sobre as séries de Jorge Luis Borges, é possível afirmar que as histórias de Marcovaldo e outras séries de Calvino se caracterizam por uma "perspectiva cambiante" e uma "vocação para a não fixidez", esta acompanhada, ainda, de um "desejo pelo que é fixo" (Süssekind, 1998, p. 139). A variação, em ambos os escritores, se pauta na tensão entre o fixo e o não fixo, na repetição e na diferença. O desejo de dar continuidade a uma estrutura e um pensamento já empregados é o que vai traçar o programa das variações, alimentando, assim, o aprofundamento de uma investigação, que poderia se propagar *ad infinitum*, conforme argumentou o próprio Calvino: "Também a *suite* de Marcovaldo, não obstante a considere 'fechada', eu poderia ter continuado, aplicando esse mecanismo narrativo às transformações tecnológico-sociais da cidade nos anos seguintes" (Calvino, 2006, p. 256).

Esse princípio serial define, também, a caracterização do personagem Marcovaldo, que constitui, segundo o próprio Calvino, "a derradeira encarnação de uma série de cândidos heróis joão-ninguém, ao estilo de Charlie Chaplin. Com uma particularidade: a de ser um 'Homem da Natureza', um 'Bom Selvagem' exilado na cidade industrial" (Calvino, 1994, p. 138). Além de Chaplin, Segre Cesare lembra um antecedente mais antigo: o personagem Bertoldo, cujas histórias se iniciam na Idade Média e ganham força na pena de Giulio Cesare Croce. As histórias de Bertoldo, nomeado primeiramente Marcolfo, segundo o crítico, inspiraram os nomes pomposos dos personagens de Calvino: Alboino, Viligelmo, Sigismondo, Guendalina, Isolina. Além dos nomes, algumas características de Marcovaldo reportam a essa

---

com historiadores, filósofos, políticos, críticos e literatos. Foi pela Einaudi que Calvino se revelou escritor, com o romance *A trilha dos ninhos de aranha*, em 1947, e publicou a maioria de seus livros.

genealogia: "a origem camponesa, a migração para a cidade, a nostalgia pela natureza, a simplicidade de aspirações, a familiaridade com o fabuloso" (Segre, 2003, p. 27). A estrutura das narrativas também não esconde o seu filão: "a das histórias em quadrinhos das revistas infantis" (Calvino, 1994, p. 138), que na série de Calvino se resume no seguinte esquema:

> no meio da grande cidade, Marcovaldo 1) procura o revelar-se das estações nas alterações atmosféricas e nos mínimos sinais de vida animal e vegetal, 2) sonha a volta a um estado de natureza, 3) enfrenta uma decepção inevitável.
> (Calvino, 1994, p. 139)

O esquema de um desejo que termina sempre em fracasso reveste as histórias de Marcovaldo, assim como do vagabundo Carlitos, de Chaplin, de um misto de riso e melancolia, julgamento apresentado com frequência pela crítica. Em ambos os personagens, a repetição desencadeia o riso, confirmando o que salientou Bergson em seu estudo sobre o cômico. Segundo o filósofo, os gestos, mesmo não sendo risíveis por natureza, o são quando repetidos:

> é que a vida bem ativa não deveria se repetir. Onde haja repetição ou semelhança completa, pressentimos o mecânico funcionando por trás do vivo. (...) a verdadeira causa do riso é esse desvio da vida na direção da mecânica.
> (Bergson, 2007, p. 52)

Esse mecanismo repetitivo parece mais presente em Carlitos do que em Marcovaldo, pois a repetição no personagem de Calvino é percebida apenas no conjunto dos textos – o leitor, depois de ler dois ou três deles, cria já uma expectativa para o quarto, segundo aquele esquema traçado pelo escritor. Em Chaplin, além da criação dessa expectativa, quando Carlitos já é conhecido do espectador, há também a repetição, em uma única cena, dos gestos e das expressões do personagem, e também a sua construção mecanizada, sobretudo na maneira de andar.

Além da repetição, o riso surge, em Carlitos e Marcovaldo, em virtude do deslocamento que representam quanto à sociedade. Carlitos, com suas vestes ao mesmo tempo janotas e maltrapilhas, que compreendem o chapéu coco, a bengala, a casaca apertada, as calças largas e os sapatos demasiado grandes, parece desafinado com o mundo em que vive. Marcovaldo, por sua vez, é detentor de um "olho pouco adequado para a vida da cidade", como é descrito no primeiro conto do livro:

avisos, semáforos, vitrines, letreiros luminosos, cartazes, por mais estudados que fossem para atrair a atenção, jamais detinham seu olhar, que parecia perder-se nas areias do deserto. Já uma folha amarelando num ramo, uma pena que se deixasse prender numa telha, não lhe escapavam nunca: não havia mosca no dorso de um cavalo, buraco de cupim numa mesa, casca de figo se desfazendo na calçada que Marcovaldo não observasse e comentasse, descobrindo as mudanças da estação, seus desejos mais íntimos e as misérias de sua existência. (Calvino, 1994, p. 7)

A "miséria da existência" desses pobres personagens reveste-os de certa melancolia, estado definido por Calvino como uma "tristeza que se tornou leve" (Calvino, 1990, p. 32). Mesmo diante dos repetidos fracassos e da quase certeza de que a via não mudará, eles seguem com uma espécie de sorriso, como que prontos para a próxima, "numa estrada de pó e esperança", como descreveu Drummond em seu "Canto ao homem do povo Charlie Chaplin".

Marcovaldo, como uma encarnação do herói joão-ninguém que é Carlitos, vê o que veem os outros e também o que estes não veem – o que está escondido em meio à cidade grande. Símbolo de resistência à modernização da cidade, o personagem procura em cada elemento da natureza uma espécie de alento, como se fosse ele o único a tentar recuperar o que está por se perder em toda uma onda tecnológica que se impõe no espaço da cidade. Seja com humor ou certa amargura, as aventuras de Marcovaldo acabam sempre com um acontecimento inesperado, que muitas vezes reforça as cores da penúria e da privação em que vive o personagem, carregador em uma firma e com uma família para sustentar.

Na primeira das narrativas, intitulada "Cogumelos na cidade", Marcovaldo, em uma das manhãs em que esperava o bonde para ir ao trabalho, percebe que, "na nesga de terra estéril e cheia de crostas que acompanha a arborização da alameda" (Calvino, 1994, p. 7), havia montes de cogumelos nascendo no coração da cidade.

> Marcovaldo teve a impressão de que o mundo cinzento e miserável que o circundava se tornava de repente generoso em riquezas escondidas e que ainda se podia esperar alguma coisa da vida, além das horas pagas pelo salário contratual, da compensação de perdas, do salário-família e da carestia. (Calvino, 1994, p. 8)

Com a descoberta, que pensava ser apenas sua, ele passa a aguardar o dia em que poderia colher os cogumelos e comê-los junto com a família.

Segundo o narrador, o sentimento que primeiro lhe acometeu foi de "amor universal", ao qual sucedeu uma espécie de "obsessão da posse", que o cercou de "temor ciumento e desconfiado" (Calvino, 1994, p. 8), de modo que não revelou aos filhos onde era a mina dos cogumelos, temeroso de que eles pudessem apanhá-los fora do momento propício. Essa relação é narrada da seguinte maneira:

> Estava assim inclinado, quando percebeu que havia alguém atrás dele. Levantou de um salto e tentou simular uma expressão indiferente. Um varredor de ruas o observava, apoiado na vassoura.
> Esse varredor, em cuja jurisdição se achavam os cogumelos, era um jovem magricela que usava óculos grandes. Chamava-se Amadigi, e Marcovaldo tinha antipatia por ele havia muito tempo, quem sabe por causa daqueles óculos que perscrutavam o asfalto das ruas em busca de qualquer vestígio natural a ser eliminado a golpes de vassoura. (Calvino, 1994, p. 9)

O sentimento de posse de uma descoberta que ele pensa ser só sua, e que saciaria a ele e a família, o faz fingir-se desinteressado e indiferente. No dia da colheita, quando o filho o informa que outro homem está também a colher cogumelos, e que esse outro é justamente o tal varredor "inimigo" da natureza e, portanto, seu inimigo também, Marcovaldo se enche de raiva, mas uma raiva que logo se desfaz para dar lugar a uma atitude de extrema generosidade:

> Marcovaldo perdeu a fala: cogumelos ainda maiores, em que ele não reparara, uma colheita inesperada, que lhe era arrancada, assim sem mais nem menos, debaixo do seu nariz. Permaneceu um momento quase petrificado pela raiva, pela fúria, depois – como às vezes acontece – o refreamento daquelas paixões individuais se transformou num impulso generoso. Àquela hora, muita gente estava esperando o bonde, com o guarda-chuva pendurado no braço, pois o tempo continuava úmido e incerto. (Calvino, 1984, p. 10)

Marcovaldo, então, alerta toda aquela gente de que ali por perto tem cogumelo para todo mundo, confirmando seu impulso generoso. Algumas horas depois encontram-se todos no hospital, depois da lavagem estomacal provocada pelos cogumelos venenosos que ingeriram. Já no primeiro texto da coletânea, a estreita oportunidade de saciar o desejo que surge de um mero acaso, decorrente do olho perscrutador de Marcovaldo, fracassa, e fracassa porque o mundo parece decidido que a ele nada deve, tamanha a sua falta de sorte. Contudo, como o Carlitos que o poeta mineiro cantou, Marcovaldo segue iludindo a brutalidade, prolongando "o amor como um segredo dito no ouvido de um homem do povo caído na rua" (Andrade, 2012, p. 123). Esse homem que é comum a todos os outros – um anônimo na cidade grande – mas incomum nos gestos e no pensamento transmite um sentimento de ternura e riso, justamente porque é ele um herói joão-ninguém, tal qual o personagem mítico de Chaplin.

Em ambos os personagens, a ternura está ligada a um sentimento de generosidade, que em Carlitos surge, por vezes, logo depois de um acontecimento que pode ser caracterizado como "maldoso", que denota esperteza, como no curta *The tramp*,[4] de 1915, em que o personagem pensa, por um momento, em roubar o dinheiro da moça que defenderá dos vilões por toda a narrativa. O efeito cômico, como já se afirmou, tanto em Carlitos como em Marcovaldo, é provocado pela maneira um tanto atrapalhada e deslocada que os caracteriza. Em *Luzes da cidade*, clássico de Chaplin de 1931, por exemplo, isso se dá principalmente quando Carlitos surge em público, perturbando as convenções sociais: dorme no colo da estátua que será inaugurada; come serpentina pensando que é macarrão; provoca um incêndio com um charuto aceso; engole um apito e atrapalha a apresentação de um cantor.

No personagem de Calvino, o riso se mistura ao esquema de investida e desilusão que se repete até o final do livro. O acontecimento inesperado que fecha as narrativas reforça as cores da penúria e da privação em que vivem Marcovaldo e sua família. Em "A marmita", por exemplo, narra-se a desventura do personagem quando decide trocar sua marmita de comida fria, com a mesma linguiça que vinha comendo há quatro dias, pelo prato de um garoto que lhe chama da janela, um prato com fritada de miolos, do qual Marcovaldo pôde comer nada mais que umas garfadas, pois a governanta da mansão onde morava o menino acusa-o de ladrão, restando-lhe apenas devolver o prato, ouvir o rolar da marmita pela calçada, em meio ao choro do garoto, e voltar para o trabalho. Em "A chuva e as folhas", o gesto terno de tentar salvar a planta do vaso que ficava na entrada da firma em que trabalhava, levando-a para tomar banhos de chuva no porta-bagagem da bicicleta, termina por transformá-la em uma árvore, que não cabe mais

---

4. Produzido por Jess Robbins e distribuído pela Essanay Studios.

na porta de entrada e não pode ser trocada por outra planta menor, uma vez que no caminho ela se amarela toda.

No texto final, "Os filhos de Papai Noel", a empresa SBAV, em que Marcovaldo trabalha, decide, aos moldes de todas as outras empresas, confeccionar um presente para os clientes, que deve vir junto, segundo determina o consenso, de uma mensagem singela de boas festas, entrando ela também na competição de "quem oferece de modo mais gracioso o presente mais distinto e original". Nesse último fragmento da série, a crítica à industrialização e à cidade moderna, onde tudo é considerado em termos de produção e consumo, é direcionada às relações de interesse típicas das festas natalinas, quando "o fluxo dos bens materiais e ao mesmo tempo do bem que cada um quer aos outros (...) é o que conta" (Calvino, 1994, p. 128). A empresa resolve que o presente daquele ano deveria ser entregue em domicílio por um homem vestido de Papai Noel. Enquanto Marcovaldo no depósito estava "pensando que no fundo daquele labirinto de centenas de milhares de pacotes o esperava um pacote só seu, preparado pelo Departamento de Recursos Humanos; e ainda mais fazendo a conta de quanto lhe tocaria no fim do mês entre décimo terceiro e horas extras" (Calvino, 1994, p. 131), o chefe, com a roupa de Papai Noel na mão, vê em Marcovaldo um perfeito personagem para a empreitada natalina. A primeira visita que o personagem faz com seu disfarce é à sua casa, pois não resiste à tentação de ver a alegria dos filhos. Contudo, na própria casa vivencia a primeira decepção: os meninos não se surpreendem e percebem logo o disfarce. A ideia de vestir alguém de Papai Noel não foi tão original, de modo que Marcovaldo, nas ruas da cidade, era apenas mais um:

> Pelas ruas da cidade Marcovaldo só encontrava outros Papais Noéis vermelhos e brancos, iguaizinhos a ele, dirigindo caminhonetes ou motinhos, ou abrindo as portas das lojas para clientes carregados de pacotes, ou ajudando-os a levar as compras até o carro.
> (...)
> A recompensa às vezes era considerável e Marcovaldo poderia se dar por satisfeito, mas algo lhe faltava. Todas as vezes, antes de tocar a campainha, seguido por Michelino, saboreava antecipadamente a admiração de quem, ao abrir, encontrasse pela frente Papai Noel em pessoa; esperava saudações, curiosidade, gratidão. E todas as vezes era recebido como o carteiro que leva o jornal todos os dias. (Calvino, 1994, p. 131)

Marcovaldo, vestido de Papai Noel, não representava nenhuma surpresa aos clientes, mas apenas uma peça do mecanismo de consumo daquele momento do ano. Michelino, nas incursões que fez com o pai, julgou que o filho do presidente da União para o Incremento das Vendas Natalinas era um menino triste e necessitava de presentes; resolveu dar a ele um martelo, um estilingue e uma caixa de fósforo, os quais usou para destruir tudo o que viu pela frente. Depois de saber que não seria punido por causa do acidente que o filho provocara, afinal haviam descoberto um certo "presente destrutivo" – que servia "para destruir artigos de todo gênero: [e] era isso o que faltava para acelerar o ritmo do consumo e reativar o mercado" (Calvino, 1994, p. 134) –, Marcovaldo volta para a rua como salvo de uma terceira desilusão, que é magicamente transformada pela confusão natalina:

> Marcovaldo voltou para a rua iluminada como se fosse noite, apinhada de mães e crianças e tios e avós e embrulhos e bolas e cavalos de balanço e árvores de Natal e Papais Noéis e frangos e perus e panetones e garrafas e gaiteiros e limpadores de chaminés e vendedoras de castanhas assadas que faziam saltar paneladas de castanhas no ardente fogareiro preto e redondo. (Calvino, 1994, p. 135)

Essa enumeração caótica, típica de Calvino, que reúne elementos bastante diversos, representa a mistura que é a cidade moderna, quando se vê no espaço das ruas, transformadas em verdadeiras galerias, toda sorte de artigos especiais. A comparação entre a cidade e a galeria remete às críticas de Walter Benjamin à cidade moderna (Benjamin, 2009), lugar onde se dá uma grande convergência de mercadorias, as quais são responsáveis, por sua vez, pelo surgimento de todo tipo de profissional, também estes símbolos da modernização. A repetição da conjunção "e" representa esse constante acréscimo e mesmo acúmulo de objetos que se depositam no espaço da cidade, repetição esta que confere ao fragmento uma espécie de vertigem. Mas os olhos de Marcovaldo parecem cancelar toda essa mistura, selecionando o que para ele é de maior importância: tudo aquilo que circunda a cidade grande:

> E a cidade parecia menor, concentrada numa redoma luminosa, sepulta no coração escuro de um bosque, entre os troncos centenários dos castanheiros e um manto infinito de neve. De algum ponto da escuridão se ouvia o ulular do lobo, as lebres tinham uma toca sepulta na neve, na terra vermelha e quente sob uma camada de ouriços de castanha. (Calvino, 1994, p. 135)

Nesse momento final, mais uma vez, os olhos de Marcovaldo buscam a natureza, seja na branca lebre que imagina ver na neve, seja no negro lobo que a escuridão inspira. A imensidão de neve branca que o personagem vislumbra ao final do livro é a mesma estrada de pó em que se encontra Carlitos em vários dos filmes de Chaplin, como a esperar por outro dia, quem sabe menos duro e menos solitário. Para o personagem de Calvino, tão igual e ao mesmo tempo tão incomum, que vive numa cidade que pode ser qualquer uma, vale o que sintetizou André Bazin sobre Carlitos: é como se "o futuro não existisse" (Bazin, 1989, p. 16); a espera é pelo próximo dia, em que a vida transcorrerá em meio a "filamentos de ternura e riso" (Andrade, 2012, p. 123).

Referências bibliográficas

ANDRADE, C. D. *Antologia poética*. São Paulo: Companhia das Letras, 2012.

BAZIN, A. *Charles Chaplin*. São Paulo: Marigo Editora, 1989.

BENJAMIN, W. *Passagens*. Trad.: I. Aron e C. P. B. Mourão. Belo Horizonte: Editora UFMG; São Paulo: Imprensa Oficial do Estado de São Paulo, 2009.

BERGSON, H. *O riso: ensaio sobre a significação da comicidade*. São Paulo: Martins Fontes, 2007.

CALVINO, I. *Eremita em Paris: páginas autobiográficas*. Trad.: R. Barni. São Paulo: Companhia das Letras, 2006.

CALVINO, I. *Lettere: 1940-1985*. 2ª ed. Milano: Mondadori, 2001.

CALVINO, I. *Marcovaldo ou As estações na cidade*. Trad.: N. Moulin. São Paulo: Companhia das Letras, 1994.

CALVINO, I. *Seis propostas para o próximo milênio*. Trad.: I. Barroso. São Paulo: Companhia das Letras, 1990.

SEGRE, C. Calvino, elogio del ragazzo con la testa fra le nuvole. *Corriere della sera*, 20 gen. 2003, p. 27.

SÜSSEKIND, F. Borges e a série. In: *A voz e a série*. Rio de Janeiro: Sete Letras; Belo Horizonte: Editora UFMG, 1998.

CLÁSSICOS DO INDIVIDUALISMO MODERNO:
Italo Calvino escreve a respeito de Robinson Crusoé

Odalice de Castro Silva[1]

> *Já que precisamos absolutamente de livros, existe um que oferece, a meu ver, o melhor tratado de educação natural. Será o primeiro livro que Emílio lerá; sozinho, constituirá por bastante tempo sua biblioteca inteira, e nela sempre ocupará um lugar de destaque. Será o texto a que as nossas conversas sobre as ciências naturais servirão apenas de comentários. Servirá de prova durante o nosso aprendizado sobre o estado de nosso juízo e, enquanto nosso gosto não se corromper, sua leitura sempre nos agradará. Qual é, então, esse livro maravilhoso? Será Aristóteles? Será Plínio? Buffon? Não, é Robinson Crusoé.*
>
> Emílio ou Da Educação, **Rousseau**

> *Eu tinha saído para ordenhar as cabras do curral próximo quando, meia hora depois, apareceu o selvagem, ajoelhou-se aos meus pés e voltou a fazer muitos gestos de submissão, colocando de novo a cabeça no chão e o meu pé sobre ela. (...) Começamos pelo seu nome: Sexta-Feira, por ter sido numa sexta-feira que o salvara da morte certa. Ensinei-lhe a chamar-me 'Amo', repetindo muitas vezes a palavra, para que compreendesse que me deveria chamar sempre assim.*
>
> Robinson Crusoé, **Defoe**

> *Era um momento em que as histórias de mar e de piratas faziam sucesso, e o tema do naufrágio na ilha deserta já atraíra o público por um fato realmente ocorrido dez anos antes, quando o capitão Woodes Rogers havia encontrado na ilha de Juan Fernández um homem que vivera sozinho durante quatro anos, um marinheiro escocês, um certo Alexander Selkirk. Assim veio à cabeça de um panfletista em desgraça e sem dinheiro contar uma história do gênero como memórias de um marinheiro desconhecido.*
>
> Por que ler os clássicos, **Calvino**

---

1. Professora associada IV de Teoria Literária e de Literatura Comparada da Universidade Federal do Ceará (UFC). Contato: ocastroesilva@gmail.com

Introdução: Calvino escritor durante a era da suspeita

Os extremados experimentalismos com a forma literária, altamente potencializados entre escritores e poetas que receberam junto com vanguardas europeias a provocação do "Make it new", de Ezra Pound (1934), o americano expatriado que encontrou "a sementeira do modernismo, as fundações daquela tradição do novo que ele apregoava" (Bradbury, 1989, p. 25), os experimentalismos eram apregoados como conquistas e se pronunciavam como transgressões inegociáveis, ameaçando a linguagem ao puro silêncio.

Grupos de candidatos à escritura transgressora uniram-se para traçar programas e praticamente impor aos novos uma espécie de etiqueta única, como uma senha para participar da iconoclastia contra a tradição, tanto a mais próxima, o que equivale a referirmo-nos às estéticas que dominaram sobretudo as últimas décadas do século XIX e as primeiras do século XX, como aquelas estéticas mais recuadas, por não terem, aparentemente, nada mais a dizer aos contemporâneos de um momento histórico desenhado pela realidade e pelas ideologias do pós-guerra.

As transgressões insistiam na representação de uma época de crise: "As novas formas fragmentárias, as estruturas estranhas, muitas vezes parodísticas, a atmosfera geral de ambiguidade e ironia trágica que caracteriza tantas obras – tudo isso expressa tal crise" (Bradbury, 1989, p. 22).

Um alerta de crise em vários âmbitos da escrita literária ecoaria também em *A Era da Suspeita* (1938), de Nathalie Sarraute, uma das atitudes mais concretas para as providências de novas estratégias para colocar em ação as categorias da narrativa romanesca. Mas, é justamente neste momento em que as receitas técnicas pareciam separar, pela raiz, tradição e talento individual, que temos o aparecimento, em 1947, do livro de Italo Calvino, *Il sentiero dei nidi di ragno*. Cerca de trinta anos depois, o escritor, que já havia escrito seus romances mais conhecidos, entrega aos seus leitores *Por que ler os clássicos*, em 1980, um ensaio entre reflexivo e didático, destacando embates entre a tradição e o novo, através de uma conversa entre ele próprio e seus escritores mais queridos e dos clássicos antigos e modernos entre si, realizando um dossiê conceitual de dezessete proposições para melhor provocar os leitores com o que parecia não despertar tanto interesse mais, pois já se aproximava o fim do segundo milênio.

No entanto, com as *Lições Americanas*, quando já se aproximava o fim do milênio em curso, eis que Calvino volta a surpreender a todos com uma espécie de testamento poético, composto de seis tábuas, ou propostas, do que seria a melhor herança dos últimos milênios para o próximo. Num momento em que parece já não contar nem experiência, nem a percepção de que as próximas gerações vivessem a certeza de qualquer herança positiva, temos, no obstinado rigor reflexivo de Calvino, uma reviravolta em torno de tais questões; e então descobrimos que as discussões sobre cânone não estavam encerradas, mas momentaneamente adormecidas, para despertarem por um viés ideológico que alterava as intenções calvinianas.

Não podemos esquecer o gesto corajoso de Harold Bloom ao dar a público o resultado de algumas reflexões a esse respeito, promovendo uma certa animação no cenário da crítica de Literatura com *A Angústia da Influência* (1973) e *Um Mapa da Desleitura* (1975), provocando os inimigos da influência e antecipando os exercícios revisionistas do próprio Calvino.

Na contribuição de T. S. Eliot, antes de Bloom e Calvino, ao debate, acrescenta-se a categoria de "sentido histórico", com a percepção de conquista e não de herança de tradição, o que significa dizer que não se deve confundir tradição com seguir as pegadas de quem conseguiu êxitos passageiros, mas a conquista da imortalidade:

> o sentido histórico implica a percepção, não apenas da caducidade do passado, mas de sua presença; o sentido histórico leva um homem a escrever não somente com a própria geração a que pertence em seus ossos, mas com um sentimento de que toda a Literatura europeia desde Homero e, nela incluída, toda literatura de seu próprio país têm uma existência simultânea e constituem uma ordem simultânea. Esse sentido histórico (...) é que torna um escritor tradicional. E é isso que, ao mesmo tempo, faz com que um escritor se torne mais agudamente consciente de seu lugar no tempo, de sua própria contemporaneidade. (Eliot, 1989, p. 39)

Este "sentido histórico" inclui Calvino, por esse trânsito consciente, na presença do passado e no cerne de sua própria geração, ao que Giorgio Agamben denominou de contemporâneo:

> Aqueles que coincidem muito plenamente com a época, que em todos os aspectos a esta aderem perfeitamente, não são contemporâneos porque, exatamente por isso, não conseguem vê-la, não podem manter fixo o olhar sobre ela. (Agamben, 2009, p. 59)

Temos, portanto, em convergência, "sentido histórico", "imortalidade", "influência" e "clássico", para promoverem um interessante debate entre a tradição e o contemporâneo, nas acepções anteriormente expostas, para esta reflexão acerca de Italo Calvino e suas proposições.

Esclareço: primeiro era a forma, levada aos extremos da codificação de tabelas e catálogos; depois, uma saudade das peripécias de enredo que pareciam de todo superados, e é neste ponto que veremos um retorno à fonte da narrativa, com a pesquisa das tábuas, as matrizes temáticas; e, por terceiro, o conceito de clássico, agora uma escolha mais pessoal, volta a reunir forma, conteúdo e talento individual, isto é, o que é designado como estilo, o que culmina na escritura, em detrimento das equações matemáticas que davam a impressão de que a narrativa de ficção havia alcançado o neutro e que se descontaminava, por fim, de toda impureza, ou seja, das circunstâncias do sujeito escrevente e do campo de forças em que ele, forçosamente, terá de fazer suas escolhas, quando puder e se puder.

Entre o ensaio e a ficção, Italo Calvino provou do campo de forças do qual sua linguagem é originária – a redação dos jornais, as ideologias em choque, o lastro linguístico, dos núcleos originários da narrativa romanesca.

Cruzamento de propostas e planos de leitura

A consciência da forma evidencia, da parte de Italo Calvino, a convicção de que Literatura é obstinado rigor, conhecimento, convicção em que se vislumbra a condição humana em sua complexidade. Tal consciência tem por método (Morin, 2006, p. 117) o princípio relacional de todas as coisas e tempos, espaços e dimensões, princípio pautado

> pela abertura a outros matizes reflexivos, pela busca de contextualização, que visa a compreender a totalidade polissêmica, movediça, na interrelação de suas peças, incorporando, inclusive, as cognições produzidas por outros campos do saber. (Castro, 2007, p. 16)

Este diálogo entre Literatura e Conhecimento através da ponte do símbolo e da metáfora faz do método de Calvino um redimensionamento do rigor formal, uma "escuta poética" capaz de ligar discursos de vária procedência, para a construção de um processo escritural de marca própria. Os campos da História como síntese da luta da condição humana para entender-se como corpo ambíguo, apoiado nas pilastras da razão e nas flutuações da paixão, fazem-se sentir, de modo mais intenso, na fase da busca calviniana desde *Os Antepassados*, já programados na década de 1950, a esquadro e compasso, em recortes de lâminas, na tentativa de apreender o homem nos fluxos em constante mutação e permanência. Este momento inicial coincide, não acidentalmente, ao projeto OuLipo (Ouvroir de Littérature Potentielle), liderado por Raymond Queneau (1903-1976), no qual encontrou a intenção de aproximar as leis das probabilidades ao sonho e à imaginação.

O princípio das variantes examinado até beirar o infinito das possibilidades de mediação entre o sujeito escrutinador e o mundo seria o núcleo da proposta principal do método calviniano, através de uma atividade que praticamente congrega em si todas as forças do espírito: a leitura, cuja, contrapartida é a escrita.

Longe de ser apreendida como ato mecânico, a leitura faz-se uma intervenção de ordem filosófica:

> uma vibração mental cuja dinâmica é uma hipervisualização do mundo, do cosmo, e um consequente hipercruzamento de imagens, fatos, sentimentos e ideias. O espírito do leitor viajante diante do livro-mundo é como um sistema nervoso que se ramifica sob cada página-acontecimento. A sensibilidade, a imaginação e os raciocínios que emergem daí e se ramificam no leitor-viajante; inscrevem-se no mundo-livro que narra as emoções e as articulações e desarticulações de cada acontecimento-página... devem cercar o infindável das cenas do jogo sem a ilusão de esgotá-lo. As cenas de reflexão das personagens são disparadas mediante uma ponderação quase científica sobre o mundo; desejo explícito de conhecimento. (Castro, 2007, p. 89)

A conjugação operada na interpretação do método calviniano como um modo fractuoso ou complexo de percepção do homem no mundo, isto é, na natureza e na História, traça ilações com as pedagogias de Paulo Freire (1921-1997), Paul Ricoeur (1913-2005) e Edgar Morin (1922-), através dos cruzamentos da leitura e da representância, descaracterizando qualquer iniciativa que se lance a simplificar a relação livro-mundo-leitor, para promover uma miríade de possibilidades relacionais, perfazendo um sentido abrangente de circulação de motivos, propósitos, enganos, erros e ilusão, aqueles elementos que atormentam o princípio da conquista do real.

Para uma proposta de leitura relacional do ensaio de Calvino sobre a linguagem e o motivo de Robinson Crusoé, na citação em epígrafe (Defoe,

1995, p. 113), destaca-se principalmente o sentido utilitário do encontro de Robinson com Sexta-Feira, ensejado pela submissão natural, como estratégia de sobrevivência aprendida de etapas anteriores da vida tribal, vida-objeto-de-posse do líder. A palavra "Amo", com que a relação entre os dois se firmava através do "sempre", advérbio que impede qualquer flexibilidade para alteração de *status*, fazia-se acompanhar dos gestos que concretizavam o servilismo: "ajoelhou-se", "gestos de submissão", "a cabeça no chão e o meu pé sobre ela"; gestos que expressam a relação selvagem *versus* civilizado, dominador *versus* dominado, o que vive pela mercê do "Amo".

Como lemos em "A Outra Margem do Ocidente", por Adauto Novaes,

> os ocidentais não hesitaram em impor sua concepção de sociedade humana. Nas suas representações políticas não havia lugar para o diferente. No imaginário europeu, o mundo político dos selvagens era literalmente impensável. Pela força, o Ocidente impôs ao Outro sua singularidade absoluta. (Novaes, 1999, p. 7)

Ensinada pelo olhar do civilizado, esta era a história natural dos selvagens e o seu destino, como consequência; mas a mesma aventura que impulsionara os conquistadores ao comércio e ao lucro estendera uma ponte e, por ela, os mesmos selvagens faziam sua estreia, como raridades exóticas, nos salões do Velho Mundo, como se pode ler das reflexões de Montaigne:

> Tantas cidades arrasadas, tantas nações exterminadas, tantos milhões de pessoas passadas pelo fio da espada, e a mais rica e bela parte do mundo transformada pela negociação de pérolas e da pimenta. Mecânicas Vitórias. (Montaigne apud Novaes, p. 1999, p. 7)

Do ponto de vista de Montaigne (1533-1592), que escreve sobre bárbaros e canibais, de uma proximidade que lhe permite aproximar experiências de civilizações antigas que continuavam a ser objeto de estudo e especulação de fundo antropológico, político, econômico e moral, para contrapô-las às experiências relatadas aos reis financiadores das viagens pelo mundo desconhecido, os selvagens receberam esse epíteto indevidamente:

> não vejo de bárbaro ou selvagem no que dizem daqueles povos; e, na verdade, cada qual considera bárbaro o que não se pratica em sua terra. (...) A essa gente chamamos selvagens como denominamos selvagens os frutos que a natureza produz sem a intervenção do homem. (Montaigne, 1999, p. 101)

Às constatações argutas de Montaigne, escrevendo no século XVI, junta-se a dupla percepção de Italo Calvino, para *Robinson Crusoé*, para a natureza de Defoe, "essa matriz do romance moderno", com a formação de um "público de mulherzinhas, pequenos vendedores, garçons, camareiros, marinheiros, soldados", para lhes "promover a educação moral", preocupação, segundo Calvino, "talvez não completamente hipócrita", por um lado. Por outro, a percepção para os objetivos práticos, mercantis, mesmo do livro, parte das experiências da vida de Defoe, alçadas pela linguagem do gênero romanesco, que tomava "o tema do naufrágio real" como força para um enredo que encantou aquele público de extrato inferior, para se tornar, até os nossos dias, capaz de abrir inúmeras possibilidades de interesse para públicos de diferentes origens.

Para Calvino, o que confere a *Robinson Crusoé* sua "sólida ossatura moral", entendida como a integração de todas as partes que constituem a sua estrutura de composição e extratos discursivos, é "o modo direto e natural com que um costume e uma ideia de vida, uma relação do homem com as coisas e as possibilidades ao alcance de sua mão se exprimem em imagens" (Calvino, 1993b, p. 103).

O caput da primeira edição de *Robinson Crusoé* (1719), por W. Taylor, traz, em síntese, o atrativo da aventura, do desconhecido, mas também os sortilégios da riqueza escondida por marinheiros náufragos, saques-tesouros que fizeram da ponte entre a Europa e o Novo Mundo o El Dourado, o sonho do enriquecimento. Tais possibilidades transformaram o romance de Defoe num manual de capacitação para negócios nas ilhas e continentes desconhecidos:

> A vida e as estranhas e surpreendentes aventuras de Robinson Crusoé de York, marinheiro, que viveu vinte e oito anos sozinho numa ilha deserta nas costas da América, próximo à foz do grande rio Orinoco, tendo sido lançado à costa por um naufrágio, no qual todos pereceram menos ele, com um relatório sobre o modo pelo qual foi enfim também estranhamente libertado pelos piratas; escrito por ele mesmo. (Calvino, 1993b, p. 102)

O cunho de narrativa-verdade é reforçado pelas descrições minuciosas de como o personagem reaprende a relacionar-se com o meio e a fazer do meio um espaço de sobrevivência, refúgio, abrigo, onde a razão, os instintos e os sentimentos também serão *reoperacionalizados*, uma vez que a consciência ética e moral de civilizado na selva fazia dele um aprendiz de si mesmo. Aprender a defender-se, a construir um abrigo para o corpo, um lugar minimamente capaz de lhe oferecer a possibilidade de pensar, de avaliar e da forma mais prática e utilitária fazer dos entes e elementos da natureza companheiros o menos inóspitos possível, atraindo-os a si como cooperadores.

Estamos nos átrios da percepção do mundo moderno.

Este livro, que deve "ser relido linha por linha, fazendo-se sempre novas descobertas" (Calvino, 1993b, p. 105), será apontado por Rousseau (1712-1778), em *Emílio ou Da Educação* (1757-1762), como "o melhor tratado de educação natural (...) o primeiro livro que Emílio lerá, sozinho, constituirá por bastante tempo sua biblioteca inteira, e nela sempre ocupará um lugar de destaque" (Rousseau, 1999, p. 233), e "as nossas conversas", isto é, as aulas ministradas a Emílio não passarão de "comentários". O livro é avaliado como garantia do aprimoramento da capacidade de discernimento, e o penúltimo dos valores atribuídos ao romance é a certeza de que "sempre nos agradará", enquanto o gosto não for corrompido por outras experiências e por outras leituras. A adivinha que fecha o encômio ao livro de Defoe arrola, em sorteio, alguns dos mais importantes guardiães do saber do mundo antigo e daquele que é atual a Rousseau: "Qual é, então, esse livro maravilhoso? Será Aristóteles? Será Plínio? Buffon? Não, é *Robinson Crusoé*" (Rousseau, 1999, p. 233).

O mundo moderno vislumbrado pelo menos desde o enfraquecimento do sistema feudal, desde o fortalecimento das epistemes que anunciavam o princípio das ciências nascentes, desde a Reforma Protestante, desde a formação dos burgos e os estamentos de uma sociedade polimorfa, desde a Imprensa, desde todas as contrarreformas, no plural, inclusive desde a inegável visibilidade do Outro com os programas iluministas, já não era uma fantasia, mas os irrefutáveis sinais de mudança.

É a este conjunto de marcas já assentadas na visão-de-mundo de Rousseau, destacadas por Defoe e analisadas em metáfora por Calvino que devemos a energia deste romance que ilustra bem, três séculos depois, o êxito da interpretação culturalista que o recoloca em circulação e em constantes edições para os diferentes públicos.

O que é o Calviniano? Uma proposta de traçado

Para uma coerência inicial de seu projeto de escritor atento às relações que a língua proporciona de uma visibilidade para o que acontece entre a intenção de dizer, o dito propriamente e as coisas e ideias nomeadas, Italo Calvino, nos inícios da luta com a expressão escrita, adotou uma fase ingênua e dialetal com a linguagem; aos poucos, esse lastro regional não desapareceu, mas tomou outra forma, "como um plasma vital, mas oculto" (Calvino apud Coletti, 2009, p. 414).

Nos livros seguintes e com *Os Antepassados*, Calvino sente a importância da linguagem formalística, para contato urgente e direto, e observa-se uma certa denotatividade enumeratória e descritiva que expande os núcleos metafóricos, deixando no leitor uma certa impressão de clareza excessiva, como se competisse com um relatório, um documento que utilizasse as figuras para dramatizar uma longa informação.

Entre as pressões que sofre dos discursos político-ideológicos do tempo de consolidação de seu trabalho de escritor de ficções, as pretensões de clareza, exatidão e rapidez, aquelas defendidas como heranças conquistadas ao longo de séculos e do esforço de tantas gerações de narradores, estas mesmas qualidades operaram ambiguamente na linguagem de Calvino, ameaçando a construção de suas metáforas.

O estilo, a diferença essencial em relação a outros escritores igualmente talentosos em língua italiana no século XX, apontará, *in nuce*, seus primeiros traços com o complexo e o ambíguo, com o uso de outros recursos, aqueles que figuram ao modo de potencialidades concretas da língua – o rico manancial etimológico para o léxico que ele utilizará na composição de cenários, na descrição de objetos, na minudente caracterização das personagens, sobretudo na elaboração do invisível, em *O cavaleiro inexistente*, em *As cidades invisíveis*, a meu ver, o ponto máximo de delicadeza no trato do signo para impedir-lhe a significação; mas, como o signo cumpre sua função, mesmo que em oxímoro, Calvino realiza o que está pregado por dentro das máscaras da linguagem, o que só pode ser visto (intuído) de dentro do núcleo das metáforas. Por este recurso, Calvino alcança uma estilização que poucos alcançaram, pois justamente o caminho para tanto foi o da contravenção, da transgressão, da contrainformação.

No capítulo 7 de *O cavaleiro inexistente*, a narração comporta antiteticamente a postura de Agilulfo e a dos paladinos. Enquanto estes comportam-se fora de todas as regras de etiqueta diante de Carlos Magno, aquele adota outra postura, oximoricamente hiperbólica, dada a sua natureza de comensal "que não come":

> – Agilulfo continua a pedir que coloquem diante dele novas louças e talheres, pratos, pratinhos, tigelas, copos de todo tipo e tamanho, garfos e colheres, colherinhas e facas que ai se não estiverem afiadas, e é tão exigente em matéria de limpeza, que basta uma sombra opaca num copo ou num talher para mandá-los de volta. Depois se serve de tudo: pouco, mas se serve; não deixa passar uma iguaria. Por exemplo, trincha uma fatia de javali assado, põe num prato a carne, o molho num pratinho, depois corta, com uma faca afiadíssima, a carne em tantas tirinhas finas e estas são passadas uma por uma num outro prato, onde as tempera com o molho, até que se embebam bastante; as temperadas coloca num novo prato e, de vez em quando, chama um valete, entrega-lhe este último prato e pede um limpo. Assim se ocupa durante horas.
> (Calvino, 1993a, p. 71)

O personagem instala-se na narrativa por paradoxo e assim, através de uma denotação detalhista, operando em antítese em relação aos paladinos e a seu líder, ele torna-se um código controlador, contraimagem das convenções estabelecidas pelos extratos sociais representados no romance. As utopias, dadas por inexistentes, fincam suas tenazes abstratas no mais absoluto da vida das sociedades por elas atingidas e, aos poucos, por uma burocratização ultraespecializada, de início, objeto de espanto e até de riso, em seguida, por estender sua sombra para cada vez mais distante, elas acabam por convencer os que se alinham a seus interesses e vantagens a um processo de dominação, em geral, cruel e perverso nos matizes de sua execução. Outras vezes, armam no coração dos homens bens inalcançáveis, como aqueles defendidos ainda no final do século de Robinson Crusoé, aqueles ideais racionalizados que se estabelecem na resistência de contrapropostas; aquelas que usarão a força bruta para justificar, pelo domínio intelectual, o controle social:

> No momento em que assume o papel de governador, Crusoé se torna a imagem praticamente invisível de um eu reprimido, mais do que um eu que se exprime (...) ao se tornar um indivíduo capaz de se autogovernar, Crusoé aprende a controlar sua personalidade ameaçada pelo medo e por forças externas, as quais consegue dominar graças à observação, à coleta de in-

formações, à classificação: atividades estritamente ligadas à racionalidade iluminista. (Armstrong, 2009, p. 343-44)

Entre *Crusoé* e *O Cavaleiro*..., o leitor das duas obras em perspectiva apreende a conquista de um controle mental e dos sentimentos, traços inequívocos do individualismo moderno e contemporâneo, embora entre a primeira e a segunda mais de dois séculos de aprendizagem na conquista do humano tenham resultado em soluções muitas vezes pífias e desesperançadas.

Quanto à forma híbrida de Calvino, observamos uma certa flutuação nos comandos da inteligência, na economia interna do texto, no dizer de João Alexandre Barbosa, "um certo modo de não pesar a mão, mesmo tratando de temas graves, e deixando o texto correr solto, como se caminhasse à revelia do autor" (Barbosa, 2002, p. 225). No entanto, essa estratégia acontece como uma

> recorrência fundamental entre o conhecimento, até mesmo a erudição em certos casos, e a sensibilidade para o detalhe que, seja na obra literária, seja nos acontecimentos lidos pelo autor, é elevado à categoria de elemento deflagrador do movimento artístico. (Bauman, 2002, p. 224)

O esgarçamento da metáfora, a que já nos referimos como estratégia de estilização da linguagem para Calvino, acontece, no projeto literário, entre realidade e ficção, como proliferação detalhística, como por um gesto de epifania, o que para João Alexandre Barbosa resultará no experimentalismo do OuLipo e na adesão ao fantástico declarado nas situações de *As Cosmicômicas*, por exemplo.

Estes ligeiros traços para o que é o calviniano, inspirado no desenho que Milan Kundera, em primeira edição de 1992, apresentou do estilo de Franz Kafka, a partir de constantes temáticas e de procedimentos do indivíduo representante do kafkiano (2009, p. 101), não são mais do que algumas linhas em movimento, impulsionadas pela máquina literária de Calvino, deflagradora e potencializadora de muitas interpretações.

Conclusão

Após quinze anos de experiência com a solidão (a falta) do outro, seu semelhante, Robinson Crusoé registrou em seu diário o mais extraordinário acontecimento da ilha que ele passava a considerar "minha ilha": "uma pegada humana perfeitamente delineada: os dedos, o calcanhar, enfim, todo um pé bem marcado. Como estava ali e porque razão, é que eu não podia conjeturar" (Defoe, 1995, p. 88).

O personagem confessa ao diário o pânico de que foi tomado por "três dias e três noites", ao fim dos quais recobrou a razão e responsabilizou a imaginação por aquele tumulto que o assaltara.

Este paradoxo, o medo do outro na solidão, foi a motivação de Italo Calvino para incluir o romance de Defoe entre as leituras que inspiraram ao escritor "as passagens obrigatórias" entre a realidade e a fantasia, para pensar o comportamento humano num momento da História em que começava uma individualização capaz de lançar algumas das mais difíceis perguntas para o enigma da construção da ideia de sujeito.

O paradoxo instalou-se como um dos mitos do individualismo moderno (Watt, 1997):

> Robinson, depois de ter suspirado por muitos anos para voltar ao contato com o resto do mundo, toda vez que vê surgir uma presença humana ao redor da ilha, sente os perigos para sua vida redobrarem; e quando sabe da existência de um grupo de náufragos espanhóis numa ilha vizinha tem medo de unir-se a eles, pois teme que desejem entregá-lo às garras da Inquisição. (Calvino, 1993b, p. 106)

A iniciação de Robinson metaforiza a iniciação do indivíduo na descoberta dos projetos que os dominadores das ideias pensam e lançam como uma tábua de valores para a conduta, os comportamentos, para o controle das liberdades. Atados de pés e mãos, em efígie, vemos os selvagens debaterem-se apenas porque suas culturas operam por outros comandos, controles também. A ilusão de liberdade é um lampejo que brilha momentaneamente, de longe, em rituais avaliados como primitivos; não se desconhecêssemos as matanças negociadas, consentidas e aprovadas, não de indivíduos que desconhecem códigos de civilidade, mas de culturas devastadas e silenciadas por discursos e decisões disfarçados de defesa dos direitos dos indivíduos e preservação da autonomia dos povos, os bens da democracia.

Italo Calvino interpreta com o personagem de Defoe, no fecho de seu ensaio, duas páginas da História do Ocidente, a do medo da Inquisição e a do medo das guerras religiosas, rotuladas de guerras cristãs. Continuamos sob o domínio do paradoxo.

Referências bibliográficas

AGAMBEN, G. *O que é o contemporâneo? e outros ensaios*. Trad.: V. N. Honesko. Chapecó: Argos, 2009.

ARMSTRONG, N. A Moral burguesa e o paradoxo do individualismo. In: MORETTI, F. (org.). *O Romance I – A Cultura do Romance*. Trad.: D. Bottmann. São Paulo: Cosac Naify, 2009.

BARBOSA, J. A. Calvino e as Passagens Obrigatórias. In: *Alguma Crítica*. São Paulo: Ateliê, 2002.

BRADBURY, M. *O Mundo Moderno. Dez Grandes Escritores*. Trad.: P. H. Britto. São Paulo: Cia.das Letras, 1989.

CALVINO, I. *As cidades invisíveis*. Trad.: D. Minardi. São Paulo: Cia. das Letras, 1990a.

CALVINO, I. *Seis propostas para o próximo milênio: Lições americanas*. Trad.: I. Barroso. São Paulo: Cia. das Letras, 1990b.

CALVINO, I. *As cosmicômicas*. Trad.: I. Barroso. São Paulo: Cia. das Letras, 1992.

CALVINO, I. *Por que ler os clássicos*. Trad.: N. Moulin. São Paulo: Cia. Das Letras, 1993.

CALVINO, I. *O cavaleiro inexistente*. Trad.: N. Moulin. São Paulo: Cia. das Letras, 1993a.

CASTRO, G. *Italo Calvino. Pequena Cosmovisão do Homem*. Brasília: EdUNB, 2007.

COLETTI, V. A padronização da linguagem: o caso italiano. In: MORETTI, F. (org.). *O Romance I – A Cultura do Romance*. Trad.: D. Bottmann. São Paulo: Cosac Naify, 2009.

DEFOE, D. *Robinson Crusoé*. Trad.: V. Cardoso. São Paulo: Círculo do Livro, 1995.

ELIOT, T. S. Tradição Literária e Talento Individual. In: *Ensaios*. Trad.: I. Junqueira. São Paulo: Art, 1989.

KUNDERA, M. Em algum lugar do passado. In: *A Arte do Romance*. Trad.: T. B. C. Fonseca. São Paulo: Cia. das Letras, 2009.

MONTAIGNE, M. Dos Canibais, Cap. XXI. In: *Ensaios*. Trad.: Sérgio Milliet. São Paulo: Nova Cultural, 1991.

MORIN, E. *Introdução ao Pensamento Complexo*. Trad.: E. Lisboa. Porto Alegre: Sulina, 2006.

NOVAES, A. A Outra Margem do Ocidente (Prefácio). In: NOVAES, A. (org.). *A Outra Margem do Ocidente*. São Paulo: Cia. Das Letras, 1999.
ROUSSEAU, J-J. *Emílio ou Da Educação*. Trad.: R. L. Ferreira. São Paulo: Martins Fontes, 1999.
WATT, I. *Mitos do Individualismo Moderno*. Trad.: M. Pontes. Rio de Janeiro: Jorge Zahar, 1997.

A ERUDIÇÃO DO ESPECTADOR:
Calvino e seus clássicos cinematográficos

Pedro Henrique Trindade Kalil Auad[1]

Entre as quatorze possibilidades de definição do que seria um clássico, Calvino sugere que ele seria um daqueles "livros que exercem uma influência particular quando se impõem como inesquecíveis e também quando se ocultam nas dobras da memória, mimetizando-se como inconsciente coletivo ou individual" (Calvino, 1991, p. 10). Essa poderia ser uma das definições utilizáveis para classificar quais filmes seriam os clássicos para Calvino, principalmente quando ao encontro de seu texto "Autobiografia de um espectador".

Neste texto, o escritor italiano irá reconstruir a sua história particular do cinema, não do ponto de vista de um crítico ou especialista, mas do ponto de vista do espectador do cinema, dedicando atenção especial àquele espectador leigo, que frequentava salas compulsivamente, particularmente o espectador das décadas de 1920 e 1930 na Europa. Digo particularmente porque esse espectador leigo e compulsivo se tornou articulação fundamental para o cinema e sua teoria naquelas décadas, ocupando, por vezes, posições contraditórias e ambivalentes. É assim, por exemplo, que Kracauer (2009) vai perceber que são os filmes de massa, principalmente os construídos para os compulsivos e leigos, que revelam não uma contraideologia, mas os que mais apresentam signos da ideologia dominante. Por outro lado, pode-se dizer que a teoria do cinema, ao menos como a concebemos hoje, nasceu, justamente, da observação desse espectador leigo, tal como Lev Kuleshov, o primeiro teórico, nos relata. Seu estudo foi inicialmente constituído por

---

1. Mestre em Teoria da Literatura e Doutor em Teoria da Literatura e Literatura Comparada pelo programa de Estudos Literários da FALE - UFMG. Pós-Doutorando do Programa de Mestrado em Estudos da Linguagem da UFG/CAC. Contato: pedroauad@gmail.com

idas ao cinema para ver a reação dos espectadores, sendo que o foco era em um público que ia a teatros baratos, "menos educados, muito mais rudes e mais espontâneos" (Kuleshov, 1974, p. 46).

Aqui, destaco Kuleshov porque ele manteve um diálogo intenso durante a vida com Viktor Chklovsky, o formalista russo membro da OPOIAZ, inclusive realizando filmes juntos, este como roteirista e aquele como diretor. Talvez seja interessante notar que esse formalista foi aquele que cunhou o termo *estranhamento*, palavra que será utilizada por Calvino para descrever suas idas ao cinema de sua pequena cidade, San Remo. No sentido que o russo utilizava, *estranhamento* era o que definiria a obra de arte ou, em outras palavras, uma obra de arte articularia uma linguagem tal que tiraria o leitor ou o espectador do lugar-comum, desarticulando a linguagem cotidiana, ordinária. É justamente nesse conceito que a figura do espectador irá começar a surgir na teoria literária já que o *estranhamento* provocado em cada leitor/espectador será diferenciado.

Nesse sentido, é interessante notar que Calvino articula a palavra estranhamento para caracterizar suas idas ao cinema, idas estas que seriam contraste de sua vida cotidiana:

> outro mundo que não o que me cercava, mas para mim apenas o que eu via na tela possuía as propriedades de um mundo, a plenitude, a necessidade, a coerência, ao passo que fora da tela se amontoavam elementos heterogêneos, como que juntos ao acaso. (Calvino, 2000, p. 41)

É mais ou menos isso que transparece, também, no roteiro que coescreveu para o cinema, um dos atos de *Boccaccio '70, Renzo e Luciana*. Neste roteiro, o casal que dá nome ao título se encontra chafurdado nos problemas cotidianos e há apenas uma exceção a essa regra: quando eles vão ao cinema ver um filme de vampiro. A cena é interessante porque o cinema completamente abarrotado é o único espaço em que Luciana comemora, enfim, estar a sós com Renzo. Também é o único momento em que ela sorri no filme. É nesse contraste entre cotidiano/estranho que se pode justamente caracterizar essa posição-espectador que Calvino irá assumir em seu texto, não sendo uma lembrança ou uma crítica dos melhores filmes que viu, mas um relato sobre uma determinada experiência de espectador de cinema, ou, nas palavras do título de seu ensaio, uma *autobiografia de um espectador*.

Nessa autobiografia se distinguem os clássicos, não necessariamente um filme ou outro, mas o clássico contato do espectador com o cinema e sua influência particular que se torna inesquecível para Calvino. Essa maneira clássica de ver cinema era construída de uma maneira muito particular que desarticulava o mundo cotidiano e as narrativas mais tradicionais. É isso o que relata, por exemplo, quando percebe a montagem cinematográfica, não aquela executada particularmente no filme, mas aquela construída pelo espectador que não necessariamente iria acompanhar o filme do início ao fim:

> Podemos dizer que, já naquela época, antecipávamos as técnicas narrativas mais sofisticadas do cinema de hoje, rompendo o fio temporal da história e transformando-a num quebra-cabeça a ser recomposto peça por peça ou ser aceito na forma de um corpo fragmentário. Ainda a título de consolo, diria que assistir ao começo do filme depois que já se sabia o fim oferecia satisfações suplementares: descobrir não o desenlace dos mistérios e dos dramas, mas sua gênese; e um confuso sentimento de clarividência diante dos personagens. (Calvino, 2000, p. 43)

Aqui, destaca-se essa participação ativa do espectador, não só na significação fílmica, mas também no próprio processo da montagem. Na sua consideração de filmes clássicos, Calvino leva em conta essa participação na montagem cinematográfica. Desse modo, essa memória fílmica não seria somente uma memória daquilo que se consumiu, mas daquilo que se cocriou.

Essa cocriação talvez seja reveladora de sua classificação da experiência do cinema como uma passagem de dentro e de fora do filme:

> Quando porém entrava no cinema às quatro ou às cinco, impressionava-me ao sair a sensação da passagem do tempo, o contraste entre duas dimensões temporais diferentes, dentro e fora do filme. Havia entrado em plena luz do dia e lá fora encontrava a escuridão, as ruas iluminadas prologando o preto-e-branco da tela. A escuridão amortecia um pouco a descontinuidade entre os dois mundos e um pouco a acentuava, pois marcava a passagem daquelas duas horas que eu não vivera, sorvido numa suspensão do tempo, ou na duração de uma vida imaginária, ou no salto para trás nos séculos. Uma sensação especial era descobrir naquele momento que os dias tinham se encurtado ou espichado. (Calvino, 2000, p. 44-45)

Dizia-se anteriormente que Calvino entendia a montagem como sendo construída também pelo espectador; aqui ela reconstrói, mais uma vez, esse caminho duplo. Sabe-se que uma das operações que as montagens realizam é a de determinar a sensação temporal do filme, isto é, dependendo de como é montada a cena ou mesmo o filme, um acontecimento que dura por horas pode ser apresentado em poucos segundos, ou, do contrário, um tempo mínimo é estendido, como é o caso da câmera lenta.

Dessa forma, a própria presença física na sala de cinema faz parte desse enlaçamento entre o filme e o espectador. O encurtamento ou espichamento temporal que se realiza no cinema é, doravante, também realizado nesse espectador autobiografado. O filme e a vida, aqui, se transmutam, permitindo até falar de uma vida do filme que envolveria, claro, o espectador. Essa confusão de fronteiras – que Calvino cultivou em seus textos literários, como é o caso de *Se um viajante numa noite de inverno* – ainda aparece quando o escritor trata da chuva no cinema (dentro ou fora do filme?).

É nessa confusão de fronteiras que Calvino irá pensar os seus clássicos, sendo ainda mais importante os atores e atrizes do que os diretores: Clark Gable, Greta Garbo, Gary Cooper, Jean Harlow e Fred Astaire, que atuaram em filmes como *Ben-Hur*, *O Grande Motim* e assim por diante. Os atores escolhidos por ele, quase todos, são esses que não só estão na memória individual de Calvino, como aqueles que também são parte de uma memória coletiva, sendo destaque o cinema estadunidense. Ainda, nota-se, o cinema é identificado mais por seus atores e atrizes do que pelos diretores dos filmes, enfim, um cinema antes do cinema de autor. O clássico calviniano, portanto, não é formado por um cinema que se inscreveu somente em sua memória, mas em toda essa memória coletiva que tinha uma outra experiência cinematográfica. O cinema clássico, para Calvino, de certa forma, será mais o cinema do coletivo, não do individual; mais o da identificação com o que se vê na tela, não com o que está fora do campo; mais sobre aqueles que, de certa forma, serão quase como Humphrey Bogart, nas palavras de André Bazin (2014, p. 275), "a pessoa e seu mito"; um cinema que se inscreve intimamente no espectador, mas com uma intimidade compartilhada; em suma, o cinema do mundo daqui que se propaga em todos os outros mundos, ao mesmo tempo.

Esse cinema que se enquadraria em sua noção de clássico poderia ser entendido, nas palavras de Calvino, como sendo o "cinema como outra dimensão do mundo" (Calvino, 2000, p. 52). Essa outra dimensão pode, ainda, ser relacionada a outra caracterização de clássico realizada pelo escritor italiano: "é clássico aquilo que persiste como rumor mesmo onde predomina a atualidade mais incompatível" (Calvino, 1991, p. 15). O rumor da outra dimensão do mundo. Esse cinema clássico, para Calvino, não terminava quando se saía da sala de cinema, permanecendo mesmo quando a atualidade era incompatível.

Nesse sentido, Calvino irá dizer de suas "reconquistas de verão" (Calvino, 2000, p. 47), momento em que iria atrás de clássicos perdidos de sua filmografia, das vozes que vazavam da projeção para a rua e sobre a dublagem italiana dos filmes. Essas vozes, que vacilavam entre uma veracidade e uma falsidade, praticavam esse movimento duplo: "e, no entanto, a falsidade daquelas vozes havia de ter uma força comunicativa em si, como o canto das sereias, e, cada vez que passava debaixo daquela janela, eu ouvia o chamado daquele outro mundo que era o mundo" (Calvino, 2000, p. 46). Aqui, fica claro que aquele outro mundo é, ainda, o rumor do mundo.

Mas, ainda, seria possível pensar em uma outra dobra nesses rumores que se espalham pelo clássico cinema de Calvino: as dublagens poderiam criar um rumor do próprio filme:

> sabia que Jean Gabin em *Cais das sombras* não era um ex-combatente querendo se dedicar ao cultivo de uma plantação nas colônias, como a dublagem italiana procurava fazer crer, mas um desertor fugindo do front, tema que a censura fascista jamais teria permitido. (Calvino, 2000, p. 49)

Aqui teríamos o rumor do próprio filme dentro do filme, rumor que surgia da assombrosa dublagem que modificava a sua história.

Esse movimento sobre os rumores do mundo do cinema é duplo como o movimento sobre a participação do espectador, como cocriador. Seus filmes clássicos, bem como sua experiência de cinema clássico, perpassam intensamente por essa figuração dupla, não especular, por vezes dúbia, por vezes bifurcada, mas, ao mesmo tempo, una. Aqui, não dá para não lembrar de seu clássico *O visconde partido ao meio*. Vale lembrar que o canhão não havia aniquilado metade de Medardo, mas partiu o seu corpo ao meio:

> não era verdade que a bala de canhão tinha esmigalhado parte de seu corpo: ele fora dividido em duas metades; uma foi encontrada pelos catadores de feridos do exército; a outra ficou enterrada sob uma pirâmide de restos cristão e turcos e não foi vista. No coração da noite passaram pelo campo dois eremitas (...) Em sua piedade bizarra, os eremitas, tendo encontrado o corpo dividido de Medardo, levaram-no para sua espelunca e ali, com bálsamos e unguentos por eles preparados, tinham-no medicado e salvado. (Calvino, 1996, p. 72)

Não retomo o livro de Calvino apenas para rememorar sua preocupação com o uno que fora partido ao meio, mas, também, por ser sua lembrança do cinema, um cinema divido em dois e que é dividido, justamente ao meio, durante a guerra. Digamos que a experiência do cinema de Calvino é uma metade que ficou registrada como sua "erudição de espectador" (Calvino, 2000, p. 53) e a outra, do pós-guerra, quando ela se aproxima da literatura: "talvez esse seja o motivo pelo qual ele [o cinema americano] se destaca em minha experiência com um relevo isolado do resto: estas minhas memórias de espectador pertencem às memórias de antes que a literatura me chegasse" (Calvino, 2000, p. 49).

Essa divisão, inclusive, perpassa pelo trauma da censura ou, dizendo de outra forma, foi com o cinema que, pela primeira vez, Calvino percebera como o regime fascista poderia afetar a sua vida ao censurar os filmes estadunidenses, os quais tanto amava. Não era somente uma questão de censura, mas de tolher "mais que um direito, uma dimensão, um mundo, um espaço da mente" (Calvino, 2000, p. 54-55) e nessa cisão alguma coisa desaparecera:

> Finda a guerra, muitas coisas haviam mudado: eu estava mudado, e o cinema tinha se tornado outra coisa, uma outra coisa em si e uma outra coisa em relação a mim. Minha biografia de espectador retoma seu curso, mas é a de outro espectador, que já não é apenas espectador. (Calvino, 2000, p. 55)

Interessante notar que, aqui, Calvino não utiliza a palavra autobiografia, mas biografia. É como se ele não falasse mais, necessariamente, sobre esse eu que compartilhava o filme, como se o próprio clássico fosse uma construção conjunta e que, agora, não existia mais. Esse outro lado da moeda é muito evidente em várias das construções que Calvino utiliza: "um fragmento do quebra-cabeça que, por seu contorno disforme era mais difícil fazer com que se encaixasse nos demais, um filme do qual havia perdido o começo e do qual não sabia imaginar o fim" (Calvino, 2000, p. 56).

O contraste é bastante claro: enquanto anteriormente o escritor percebia no papel do espectador a própria montagem, não importando tanto se começava a ver o filme no final ou no início, agora, o cinema é apenas o meio. O cinema se aproxima, "está perto, apertado, em cima da gente" (Calvino, 2000, p. 58). Calvino não parece apaixonado por esse cinema de proximidade do pós-guerra, remetendo sempre, em contraste, a aquele cinema do distanciamento que amara na juventude. Aquele cinema era clássico porque era um mundo, um espaço da mente. Nesse sentido, aquele cinema também poderia ser correlacionado com outra definição do autor sobre o que seria um clássico: "chama-se de clássico um livro que se configura como equivalente do universo, à semelhança dos antigos talismãs" (Calvino, 1991, p. 13).

Essa equivalência, contudo, não é uma equivalência mimética, em um sentido estrito do termo, mas uma equivalência por ser um mundo particular que tinha vida própria, muito diferente do cinema de aproximação que tentava misturar a realidade do filme com a própria realidade. Assim, aquele cinema clássico de Calvino se aproxima da definição dada por Jacques Rancière: "o cinema não é o nome de uma arte: é o nome do mundo" (Rancière, 2006, p. 109), um mundo próprio, mas que coabitamos.

É interessante notar o movimento que Calvino realiza em sua memória do cinema, movimento este que lembrará em muito a sua literatura: um movimento que é, ao mesmo tempo, de aproximação e distanciamento, de criação e apreciação, de realidade e falsidade, de verdade e de mentira. É dessa maneira que se pode pensar na sua reflexão sobre o cinema de Federico Fellini, ao qual dedica algumas páginas elogiosas.

Calvino irá encontrar em Fellini esse duplo movimento constante que parece construir a experiência positiva do cinema. De certa forma, o escritor vê em Fellini um clássico: "Por isso Fellini consegue perturbar até o fim – porque nos obriga a admitir que o que mais gostaríamos de afastar nos é intrinsecamente próximos" (Calvino, 2000, p. 64). Esse cinema clássico que o escritor encontra no pré-guerra pode ser transmutado nesse cinema de Fellini: "Os clássicos servem para entender quem somos e aonde chegamos" (Calvino, 1991, p. 16).

Esse clássico para Calvino, pois, não é sobre o cultivo da ambiguidade, mas de uma construção que se exalta na duplicidade, na mão-dupla, no contraditório, enfim, num absurdo mágico. É nesse duplo caminho que a experiência autobiográfica de cinema de Calvino, que pode às vezes se aproximar do paroxismo, revela muito da sua ideia não só de clássico, como também de sua própria construção literária.

É por isso que me chama atenção o belo final de seu livro *O barão rompante*.

> De vez em quando, interrompo este manuscrito e chego à janela. O céu está vazio, e para nós, os velhos de Ombrosa, habituados a viver sempre sob as verdes cúpulas, faz mal aos olhos olhar o firmamento assim tão nu. Dir-se ia

que as árvores não cresceram mais, desde que meu irmão foi embora, ou que os homens se deixaram tomar pela fúria do machado. Além disso, a vegetação também mudou: não temos mais os carvalhos, os olmos; agora é a África, a Austrália, as Américas, as Índias, que verdejam aqui seus ramos e enterram em nosso chão suas raízes. As plantas antigas, as que sobraram, foram as oliveiras das colinas e os pinheiros e castanheiras dos bosques. Mais embaixo, perto da costa, existe uma pequena floresta de eucaliptos vermelhos, australianos, algum *fícus* gigante, enormes e solitárias plantas ornamentais. O resto, são palmeiras, com seus topetes despenteados, inóspitas árvores do deserto.
Ombrosa não mais existe. E olhando o céu deserto, pergunto-me se realmente ela existiu algum dia. Aquele farfalhar de ramos e folhas, os atalhos, os lobos, as espumas, e o céu só aqui e ali manchado, talvez tudo isto só tivesse existido para que meu irmão passasse por ali, com seu caminhar sempre apressado, como um bordado feito no nada e que tanto se assemelha a este fio de tinta que vou deixando correr por páginas e páginas, repleto de rasuras, de emendas, de rabiscos nervosos, de manchas, de lacunas; um escrever penoso que às vezes se estende em linhas claras e graúdas, outras vezes transforma-se em minúsculos sinais, como sementes pontudas, e ora se retorce, ora se bifurca, ora liga porções de frases dando-lhe a forma de folhas ou de nuvens, e depois para de súbito, em seguida volta a torcer-se, e corre e corre, e depois enovela-se e forma um último e insensato cacho de palavras, ideias, sonhos, e depois é o fim. (Calvino, 1971, p. 277-278)

A divisão entre a antiga Ombrosa e esse mundo novo pode nos remeter ainda ao antigo cinema, o clássico, que Calvino tanto amava: um cinema que encantava pela sua aventura de se viver dentro do filme e o contraste desse mundo das palmeiras inóspitas; o cinema da intimidade compartilhada; não só o do Barão que decide morar em árvores, mas de toda Ombrosa que compartilhava dessa vida. Aquele cinema, ou aquela experiência de cinema, não existe mais e, como mágica, poder-se-ia perguntar se realmente existiu. Por isso a pausa da escrita, que fecha o livro para retomar o caminho da memória, do passado até o presente. Aquele mundo fantástico do cinema, como um dia havia sido Ombrosa, que vivia intensamente em si mesma. A memória autobiográfica do espectador, cheio de rabiscos, emendas, manchas e lacunas. Mas uma memória que chega até hoje, nas palavras, ideias, sonhos.

Referências bibliográficas

BAZIN, A. *O que é o cinema?* São Paulo: Cosac Naify, 2014.

CALVINO, I. *O barão rompante*. Rio de Janeiro: Editora Expressão e Cultura, 1971.

CALVINO, I. *Por que ler os clássicos*. São Paulo: Companhia das Letras, 1991.

CALVINO, I. *O visconde partido ao meio*. São Paulo: Companhia das Letras, 1996.

CALVINO, I. Autobiografia de um Espectador. In: *O caminho de San Giovanni*. São Paulo: Companhia das Letras, 2000.

KRACAUER, S. As Pequenas Balconistas Vão ao Cinema. In: *O ornamento da massa*. São Paulo: Cosac Naify, 2009.

KULESHOV, L. Art Of Cinema. In: KULESHOV, Lev. *Kuleshov on film*. Berkeley: University of California Press, 1974.

RANCIÈRE, J. *Film fables*. Trad. Emiliano Battista. Nova Iorque: Berg, 2006.

CALVINO & OS SABERES

ITALO CALVINO E GIORGIO AGAMBEN:
projetos de revistas e seus desdobramentos

Bruna Fontes Ferraz[1]

> *Um livro escrito nunca me consolará daquilo que destruí ao escrevê-lo.*
>
> Italo Calvino

> *Toda obra escrita pode ser considerada como o prólogo (ou melhor, como a cera perdida) de uma obra jamais escrita, que permanece necessariamente como tal, pois, relativamente a ela, as obras sucessivas (por sua vez prelúdios ou decalques de outras obras ausentes) não representam mais do que estilhas ou máscaras mortuárias.*
>
> Giorgio Agamben

Italo Calvino abriria a sua série de conferências para a *Charles Eliot Norton Poetry Lectures*[2] declarando que, ao longo de suas lições, procuraria representar características da sua formação italiana; talvez por perceber uma maior necessidade de resgatar as suas raízes literárias, ou então pelo impositivo de representar a sua tradição, visto que Calvino foi o primeiro escritor italiano a participar desse ciclo de conferências. Tanto por um motivo quanto por outro, o que importa é que o escritor procurou mostrar, pelo menos com as cinco conferências escritas (Leveza, Rapidez, Exatidão, Visibilidade e Multiplicidade), que a tradição literária italiana, a seu ver, é estruturada por meio de relações categoriais, algumas vezes antagônicas até, como observa ao mencionar que, se para outras culturas, por exemplo, há uma

---

1. Doutoranda em Teoria da Literatura e Literatura Comparada pelo Pós-Lit UFMG. Bolsista CAPES. Contato: bruna.fferraz@gmail.com
2. Um ciclo de seis conferências proferidas durante o ano acadêmico na Universidade de Harvard.

separação delimitada e distintiva entre versos e romance, para a tradição italiana essas barreiras se diluem na ficção:

> é típico da literatura italiana compreender num único contexto cultural todas as atividades artísticas, e é portanto perfeitamente natural para nós que, na definição das "Norton Poetry Lectures", o termo "poetry" seja entendido num sentido amplo, que abrange também a música e as artes plásticas; da mesma forma, é perfeitamente natural que eu, escritor de *fiction*, inclua no mesmo discurso poesia em versos e romance, porque em nossa cultura literária a separação e especialização entre as duas formas de expressão e entre as respectivas reflexões críticas é menos evidente que em outras culturas.
> (Calvino, 1990, p. 9)

O escritor parece manipular, assim, uma forma de pensamento e escrita literários que lhe permite criar vínculos entre conceitos, ideias, temas, por vezes díspares e paradoxais, pois, segundo Calvino, para alcançar o conhecimento de algo, se deve, primeiramente, reconhecer a sua ligação com o seu oposto. Tal princípio de correlação – o qual não exclui uma possibilidade para abarcar outra – foi exercitado ao extremo pelo autor d'*As cidades invisíveis* em suas lições escritas para Harvard, as quais anunciam os valores literários que gostaria que fossem perpetuados neste século.

É nesse sentido que o escritor italiano pensará, no livro traduzido no Brasil por *Seis propostas para o próximo milênio*[3], na leveza, tema de sua primeira conferência, que apresenta a leveza da linguagem como uma especificidade da literatura, mas sem excluir a importância do peso. Calvino admirava uma linguagem que pudesse flutuar "sobre as coisas como uma nuvem" (Calvino, 1990, p. 27), mas sabia reconhecer também a importância de "comunicar peso à linguagem, dar-lhe a espessura, a concreção das coisas, dos corpos, das sensações" (Calvino, 1990, p. 27).

Ou, ainda, valorizará a rapidez, a agilidade, o ritmo e a economia da literatura moderna, impostas por uma vida sempre mais tumultuada e apressada, mas apreciando igualmente "os prazeres do retardamento" (Calvino, 1990, p. 59). Calvino cruza, nesse sentido, ao longo de suas li-

---

3. A tradução brasileira para o livro de conferências de Calvino a serem proferidas em Harvard segue o seu título em inglês *Six memos for the next millenium*, referência que se encontra no original datilografado. Calvino deixou esse livro sem um título italiano, de modo que coube a Esther Calvino, sua viúva, decidir pelo título *Lezioni americane*, devido à forma como Pietro Citati se referia a esse trabalho ao perguntar a Calvino: "Como vão as lições americanas?".

ções americanas, valores contrários, evidenciando não mais uma única possibilidade, e sim o limiar, a fronteira entre um valor e seu oposto. Por isso, suas lições aclamam justamente esse confim, como vimos por meio de seu elogio aos pares leveza/peso, rapidez/lentidão. Ao longo das lições, ele continuará elegendo o caminho do meio, do *intermezzo*, da margem entre visibilidade/invisibilidade, multiplicidade/unidade.[4]

A preferência calviniana por representar a sua tradição literária por meio de estruturas polares parece-nos, entretanto, ter sido prevista anos antes da escrita de suas conferências, quando, entre os anos de 1974 a 1976, Calvino se encontrava com Giorgio Agamben e Claudio Rugafiori e eles planejavam definir um programa de uma revista. Esta, que nunca veio a ser realizada, teria uma seção, acordada pelos três integrantes, que se dedicaria à definição daquilo que eles entendiam por "categorias italianas", buscando "identificar, através de uma série de conceitos polarmente conjugados, nada menos que as estruturas categoriais da cultura italiana" (Agamben, 2010, p. VII, tradução nossa)[5]. A partir desses encontros, Calvino começou a pensar nas coordenadas velocidade/leveza, que foram desdobradas em suas "lições americanas", enquanto Rugafiori e Agamben sugeriam outros pares que definissem a cultura italiana. O primeiro sugeriu o par arquitetura/vagueza; Agamben, por sua vez, propunha explorar as oposições tragédia/comédia, direito/criatura, biografia/fábula (Agamben, 2010, p. VII).

Da ideia dessa revista poucas informações restaram, com exceção de alguns comentários em cartas e entrevistas, testemunhos de Calvino, e de um texto de Agamben intitulado "Programa para uma revista", publicado em *Infância e história*, no qual o filósofo expõe as características de como gostaria que fosse a fisionomia da revista, além de um estudo de poética e literatura lançado em 1996[6] e reeditado, na Itália, em 2010 e que, curiosamente, se intitula *Categorie Italiane*, obra que, embora marginal entre

---

4. Entre as cinco lições escritas, talvez a única que não valorize o seu par oposto seja aquela conferida à exatidão. Para Calvino, a linguagem imprecisa e aleatória, ou seja, inexata, geraria uma espécie de peste, "a peste da linguagem", que enfraquece a expressividade da língua por meio de fórmulas genéricas, anônimas, abstratas.
5. No original: "Si trattava di identificare, attraverso una serie di concetti polarmente coniugati, nulla di meno che le strutture categoriali della cultura italiana".
6. O livro *Categorie Italiane*, de Agamben, embora publicado somente em 1996, reúne, sobretudo, ensaios publicados anteriormente, sendo o primeiro que constitui o livro, "Comédia", o mais antigo, de 1978, produzido no mesmo momento em que o filósofo discutia com seus colegas a fisionomia da revista.

a produção agambeniana, se centra em pares categoriais para pensar a cultura de seu país.

Se, diferentemente de Agamben, Calvino deixou poucas palavras sobre este esboço de revista, a importância dessa proposta revela-se, de maneira intrigante, pela presença do título "Categorie italiane" em sua lista manuscrita, que percorre os anos de 1978 a 1985, e contém títulos de livros e indicações de projetos a serem desenvolvidos. O próprio escritor assinalou com "xis" os livros concluídos, enquanto nós ressaltamos com setas o projeto "Categorie italiane":

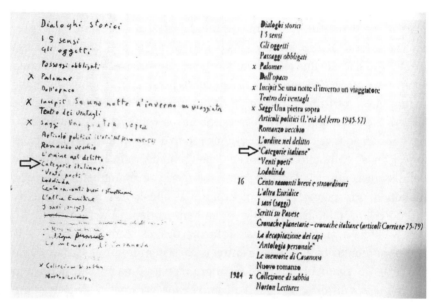

Lista manuscrita de livros por escrever que cobre o período de 1978-1985.
Fonte: Barenghi; Falcetto, 1999, p. 112.

A presença desse título na lista dos projetos futuros de Calvino nos indica que tal proposta seria retomada e que a temática seria consoante com a que ele vinha discutindo com Agamben e Rugafiori. Assim, acreditamos que, influenciado pelo projeto da revista, o escritor italiano pretendia desenvolver um livro sobre o tema das categorias italianas, como veio a fazer Giorgio Agamben em 1996. Mas se infelizmente tal projeto, assim como tantos outros, não foi finalizado, podemos perceber os ecos de sua presença na obra de Calvino, já que para o escritor italiano a sua ideia de literatura só se faz possível por meio de relações polares.

Chama-nos atenção, portanto, que os escritos de Agamben e a lista de Calvino, ao retomarem um projeto da década de 1970, anunciem como as discussões tecidas entre três intelectuais moldaram suas próprias concepções de literatura, baseadas, arriscaríamos a dizer, no conceito de polarização, além de ter de certo modo influenciado os projetos futuros e vindouros de tais escritores.

É importante ressaltar que esse conceito de polaridade, a nosso ver, cerne da revista, por permitir confrontar cada categoria incluindo também aquela oposta, como fez Calvino em suas *Seis propostas para o próximo milênio*, remonta às reflexões de Goethe. O conceito de polaridade de Goethe se refere a uma experiência da complementaridade, um dualismo que se apresenta sob a forma de oposição originária. A polaridade estaria, portanto, sob o caráter da atração e da repulsão, de modo que há "uma força que impele os corpos uns para os outros e uma força que afasta os corpos uns dos outros" (Molder, 1995, p. 143) num trânsito contínuo para exercer e sofrer a ação, como o movimento entre sístole e diástole (contração e dilatação do coração). Os pares de contrários elaborados por Goethe não se reduzem a uma oposição petrificante, pois lançam efeitos uns sobre os outros:

> não a luz em si nem as trevas em si, mas o movimento contínuo de um a outro, não a purificação das faculdades, nem a sua hierarquização rígida, mas a revelação de umas pelas outras, nunca nós em nós próprios, nem o objeto em si próprio, mas cada um aderindo, cada um transitando para o lugar do outro, respondendo a outro, [e] desse modo criando o novo. (Molder, 1995, p. 144)

Essa conexão entre os pares polares seria motivada por um "campo tensional", o qual garante um princípio de movimentação e correlação. O conceito de intensificação seria uma força motriz da natureza a garantir que a polaridade não se convertesse em dualidade rígida e anuladora, mas mantivesse uma tendência recíproca de um para o outro. Nessa perspectiva, "é na oscilação entre separar-se e reunir-se, entre fundir-se no geral e petrificar-se no particular, é na transição de uns a outros, no entrelaçamento de cada um dos opostos, que se dá uma configuração do todo" (Molder, 1995, p. 149).

Chegar ao todo por meio do entrelaçamento dos opostos, descobrir o "novo" nesse trânsito de um a outro; essa seria, talvez, a pretensão de três italianos idealizadores de uma revista, que se desafiariam, sim, a trabalhar com categorias, mas não mais aquelas universais, como fizeram Aristóteles e Kant. Com o adjetivo "italianas", qualificador do próprio título, percebemos que os escritores ironizam uma tradição filosófica da universalidade, restringindo-se, assim, a afirmarem a própria "italianidade".

A revista *Categorie italiane* pretenderia romper com a noção de dicotomia ao colocar em tensão, em movimento, seus pares, intercalando o passado no presente, rompendo com qualquer relação autoritária com a tradição, impondo uma renovação que permitiria o encontro entre o que antes poderia ser considerado inconciliável.

Para Agamben, em seu texto "Programa para uma revista", o ponto de vista que a revista desejaria adotar seria o de renúncia a qualquer perspectiva cronológica ao propor "uma interrupção e uma quebra", sendo "a experiência desta quebra como evento histórico originário que constitui precisamente o fundamento de sua atualidade" (Agamben, 2005, p. 161). Essa quebra, da qual, segundo o filósofo italiano, a nossa cultura está longe de tomar consciência, "é a que se produziu de imediato, na sociedade moderna, entre o patrimônio cultural e a sua transmissão, entre verdade e transmissibilidade, entre escritura e autoridade" (Agamben, 2005, p. 161).

Nesse contexto, a tarefa da revista não poderia ser, simplesmente, a da "destruição da tradição", mas, antes, a de uma "destruição da destruição". Será a partir dessa "destruição" que se tornarão visíveis as estruturas categoriais da cultura italiana, entre as quais Agamben ressalta a prevalência da comédia em relação à tragédia, o domínio do elemento arquitetônico, a atenção à fábula, entre outras categorias que numa tensão polar sustentam o fenômeno italiano.

Assim, para Agamben, a revista deveria se posicionar a partir de uma perspectiva filológica, pois "a filologia revela a sua posição particular entre *Halaca* [a Lei em si] e *Agadah* [a verdade na sua consistência emocional], entre verdade e transmissão, entre teor coisal e teor de verdade" (Agamben, 2005, p. 165). Para ele, a função da filologia consistiria na "abolição da defasagem entre coisa a transmitir e ato da transmissão, entre escritura e autoridade" (Agamben, 2005, p. 165), podendo, dessa forma, ser redefinida como "mitologia crítica", a qual mediaria a reunificação da poesia e da ciência.

A revista se proporia a realizar, desse modo, uma *Aufhebung* (uma transgressão e uma realização) da filologia considerando no mesmo plano "disciplinas crítico-filológicas e poesia" (Agamben, 2005, p. 166). Para isso, o seu projeto filológico procuraria abolir com as noções de processo, de desenvolvimento, de progresso do historicismo, visando chegar a uma nova situação das relações entre história e tempo, ou seja, alcançar uma nova e mais originária experiência da história e do tempo.

Enquanto o jovem Agamben se propunha realizar filosoficamente a fisionomia da revista que intencionava escrever (lembremo-nos que Agamben foi o editor de Walter Benjamin na Itália), Calvino, por sua vez, sentia a angústia de ver seus projetos, se realizados, tornarem-se revistas de estudos, de teoria, abarcando pouquíssimos leitores. Em carta a Guido Neri, datada de 31 de janeiro de 1978, o escritor de *Marcovaldo* desabafa o seu desânimo em integrar a revista que planejava com Agamben:

> A revista certamente é uma bela coisa mas seria uma revista na qual o único que escreve é Giorgio e os outros possíveis como eu, você e Roscioni ou Rugafiori não escrevemos jamais nada; outra coisa: no ambiente da editora a revista estaria muito deslocada e de todo modo mesmo que Einaudi, por espírito possessivo, quisesse fazê-la, procuraria torná-la a revista da editora (exigência que afasta) e por isso seria outra coisa. O meu conselho é que Giorgio faça a revista imprimindo-a numa gráfica, poderíamos todos contribuir um pouco, e quando a revista existir o editor que quiser distribuí-la certamente se apresentará. Depois eu sou a última pessoa com a qual se pode contar para tomar uma iniciativa do gênero e levá-la adiante. Recentemente pus novamente meus olhos sobre os materiais das nossas discussões em 68-69 com você e Gianni (Celati) e pensei que foi justamente um delito não fazer naquele momento *essa revista* e a culpa é que vocês tinham confiança em uma função minha de promotor enquanto sou apenas capaz de dizer "mas" e "mas". (Calvino, 2000, p. 1364, grifo nosso, tradução nossa)[7]

Calvino finaliza a carta mencionando uma outra proposta de revista, idealizada, nesse momento, juntamente a Gianni Celati, Carlo Ginzburg,

---

7. No original: "La rivista certo è una bella cosa ma sarebbe una rivista in cui l'unico che scrive è Giorgio e gli altri possibili come me, te e Roscioni o Rugafiori non scriviamo mai niente; secondo, nell'ambiente della editrice la rivista sarebbe molto spaesata e comunque anche se Einaudi per spirito possessivo la volesse fare cercherebbe di farla diventare la rivista della casa editrice (esigenza che sente) e quindi sarebbe un'altra cosa. Il mio consiglio è che Giorgio faccia la rivista stampandola da un tipografo, potremmo tutti un po' contribuire, e quando la rivista c'è l'editore che vuole distribuirla certo si presenterà. Io poi sono l'ultima persona su cui si può contare per prendere un'iniziativa del genere e portarla avanti. Recentemente mi sono tornati sott'occhio i materiali delle nostre discussioni del 68-69 con te e Gianni (Celati) e pensavo che è stato proprio un delitto non fare allora quella rivista e la colpa è che avevate fiducia in una funzione mia di promotore mentre io sono solo capace di dire dei ma".

Enzo Melandri e Guido Neri durante o final dos anos de 1960 e o início da década de 1970 e que pretendia seguir "o discurso da literatura italiana no ato do seu fazer-se" (Calvino, 1995a, p. 1710, tradução nossa)[8]. Observa-se que a preocupação em escrever sobre aspectos da cultura italiana já se apresentava entre os projetos calvinianos.

Tal proposta de revista, a qual seria intitulada "Ali Babá", proporia também discussões categoriais, como língua e dialeto, prosa e poesia, além de contemplar "problemas muito 'italianos', (...) aqueles que ajudam a nos fazer romper a carapaça de uma descritividade setorial e local na qual a literatura italiana tem uma tendência a calcificar-se" (Calvino, 1995a, p. 1711, tradução nossa)[9].

"Ali Babá" proporia, portanto, justamente uma quebra às tendências calcificantes e estáticas da literatura, ao ensejar um novo movimento, como aquele entre sístole e diástole evidenciado pelo conceito de polaridade; além disso, a revista recusaria e questionaria todos os pressupostos já existentes para se entender o mundo, pois "não se vai para a frente a não ser recolocando em jogo alguma coisa que já acreditávamos ser ponto de chegada, aquisição consolidada, certeza" (Calvino, 2009, p. 313). Com essa atitude de questionamento, Calvino, em "O olhar do arqueólogo", texto programático para a revista, propõe a necessidade de tornar também seu olhar arqueológico, pois:

> Em sua escavação, o arqueólogo torna a descobrir utensílios cujo destino ignora, cacos de cerâmica que não se encaixam, jazidas de eras distintas daquela que ele esperava encontrar ali: sua tarefa é descrever peça por peça também e sobretudo aquilo que não consegue sistematizar numa história ou numa utilização, reconstruir numa continuidade ou num todo. (Calvino, 2009, p. 314)

Ressignificar o objeto, olhar para o passado e deixar que ele atue sobre o presente e vice-versa, descrever, absorvendo todos os modelos de representação e de comunicação, numa perspectiva que abarque todos os significados, formas e disciplinas. Podemos observar, assim, perspectivas similares entre a revista sobre as categorias italianas e esta, tendo em vista um programa que visaria a interdisciplinaridade e a apresentar pares cate-

---

8. No original: "il discorso della letteratura italiana nell'atto del suo farsi".
9. No original: "problemi molto 'italiani', ma proprio quelli che servono a farci rompere il guscio d'una descrittività settoriale e locale in cui la letteratura italiana ha la tendenza a calcificarsi".

goriais tipicamente italianos. No entanto, "Ali Babá" deveria ser uma revista de alcance popular, de grande tiragem e que redescobriria funções como o choro, o riso, o medo, a aventura, o enigma, de modo a identificar o lugar da literatura nas necessidades cotidianas. Entrevistado por Ferdinando Camon, Calvino afirma:

> Eu, no entanto, sonho também uma revista totalmente diferente, diferente como público antes de tudo: uma revista de romances folhetinescos [*romanzi a puntate*] como faziam Dickens, Balzac (...) e através desta revista redescobrir as funções verdadeiras de uma relação com o público: o choro, o riso, o medo, a aventura, o enigma... Porque deveria ser uma revista de grande tiragem, que se venda nas bancas, uma espécie de "Linus" mas não de quadrinhos, romances folhetinescos com muitas ilustrações, uma paginação atraente. E muitas rubricas que exemplifiquem estratégias narrativas, tipos de personagens, modos de leitura, instituições estilísticas, funções poético-antropológicas, mas tudo através de coisas divertidas para ler. (...). Em suma, a mim me agradaria uma relação assim com um público novo que não pensou ainda no lugar que pode ter a literatura nas necessidades cotidianas. Não que eu seja capaz de fazê-la, uma revista assim, mas se ela existisse eu ficaria contente. (Calvino, 1995b, p. 2785-2786, tradução nossa)[10]

Essa revista que permitiria o movimento contínuo entre presente e passado, que seria uma destruição, uma transgressão e uma realização, que se lançaria a um público vasto, propondo-lhe um novo olhar, um olhar arqueológico; essa revista, seja ela "Categorie italiane" ou "Ali Babá", só seria possível no espaço da literatura: "é a literatura – chegou a hora de dizer isso – o campo de energias que apoia e motiva esse encontro e confronto de pesquisas e operações em disciplinas diferentes, ainda que

---

10. No original: "Io però sogno anche una rivista tutta diversa, diversa come pubblico innanzitutto: una rivista di romanzi a puntate come facevano Dickens, Balzac (...) e attraverso questa rivista ritrovare le funzioni vere d'un rapporto col pubblico: il piangere, il ridere, la paura, l'avventura, l'enigma... Perché dovrebbe essere una rivista a larga tiratura, che si vende nelle edicole, una specie di 'Linus' ma non a fumetti, romanzi a puntate con molte illustrazioni, un'impaginazione attraente. E molte rubriche che esemplificano strategie narrative, tipi di personaggi, modi di lettura, istituzioni stilistiche, funzioni poetico-antropologiche, ma tutto attraverso cose divertenti da leggere. (...) Insomma a me piacerebbe un rapporto così con un pubblico nuovo che non ha ancora pensato al posto che può avere la letteratura nei bisogni quotidiani. Non che sarei capace di farla io, una rivista così, ma se ci fosse sarei contento."

aparentemente distantes ou estranhas" (Calvino, 2009, p. 315). Como a terra que o arqueólogo escava, extraindo cada camada, para encontrar seu utensílio, assim também deverá ser o procedimento dessa revista, que explora simultaneamente níveis diversos de significações, num incessante fazer-se e refazer-se.

Obras, então, que ao anunciar o próprio *fazer-se*, se desdobram umas nas outras, incutindo um movimento que as torna novamente presentes, "vivas"; mas, igualmente, obras que não foram jamais escritas, que não são mais do que esboços, fragmentos, rascunhos. O que faz, então, com que essas duas revistas se destaquem mesmo não existindo?

As revistas se inventam e se desdobram, potencialmente, por meio daquela tensão originária, categorial e polar, que deveria constituí-las. Elas sobrevivem nessa tensão, nesse movimento de uma a outra, num incessante deslocamento de ir e vir de cada uma das categorizações que definem o fenômeno italiano. Projetos que se revelam como o que se estilhaçou após um choque, como traços de um esboço.

Remontando às epígrafes deste texto, podemos considerar que dessas duas revistas jamais escritas nos restam somente "estilhas ou máscaras mortuárias", como dizia Agamben, fragmentos que evocam projetos jamais realizados. Mas a ausência de uma forma anuncia, por sua vez, a multiplicidade potencial de uma obra que não foi encerrada, enquadrada em uma única realização e que, por isso, ainda está aberta. "Um livro escrito nunca me consolará daquilo que destruí ao escrevê-lo", dizia Calvino sobre o seu primeiro livro, *A trilha dos ninhos de aranha*, fazendo-nos pensar que o nosso escritor teria optado por não escrever suas revistas para não enclausurá-las nos limites da escrita, mantendo-as projetadas a infinitas possibilidades de desdobramentos.

"Categorie italiane" e "Ali Babá" são, portanto, projetos que se ligam à falta, à ausência, à impossibilidade; obras, portanto, que nos escapam, pois delas só é possível reconhecer seus restos e estilhas que subsistem de uma força de polaridade e tensão.

Referências bibliográficas

AGAMBEN, G. Experimentum linguae. In: AGAMBEN, G. *Infância e história: destruição da experiência e origem da história*. Trad.: H. Burigo. Belo Horizonte: Ed. UFMG, 2005. p. 9-17.

AGAMBEN, G. Programa para uma revista. In: AGAMBEN, G. *Infância e história: destruição da experiência e origem da história*. Trad.: H. Burigo. Belo Horizonte: Ed. UFMG, 2005. p. 159-170.

AGAMBEN, G. Premessa. In: AGAMBEN, G. *Categorie italiane – studi di poetica e di letteratura*. Bari: Laterza & Figli Spa, 2010. p. VII-VIII.

BARENGHI, M.; FALCETTO, B.(orgs.). *Encuentro con Italo Calvino*. Buenos Aires: Electra, 1999.

CALVINO, I. *Seis propostas para o próximo milênio: Lições americanas*. Trad.: I. Barroso. São Paulo: Companhia das Letras, 1990.

CALVINO, I. Un progetto di rivista. In: CALVINO, I. *Saggi*. Milano: Mondadori, 1995a. 2 v. p. 1710-1716.

CALVINO, I. *Saggi*. Milano: Mondadori, 1995b. 2 v. p. 2784-2786.

CALVINO, I. *Lettere*. Milano: Mondadori, 2000. p. 1361.

CALVINO, I. O olhar do arqueólogo. In: CALVINO, Italo. *Assunto encerrado*. Trad.: R. Barni. São Paulo: Companhia das Letras, 2009. p. 312-315.

CAPELA, C. E. S. Categorias italianas. In: PUCHEU, A.(org.). *Nove abraços no inapreensível: filosofia e arte em Giorgio Agamben*. Rio de Janeiro: Beco do Azougue: FAPERJ, 2008. p. 165-222.

MILANINI, C. Introduzione. In: CALVINO, I. *Romanzi e Racconti* vol 3. Milano: Arnaldo Mondadori, 1994.

MOLDER, M. F. *O pensamento morfológico de Goethe*. Lisboa: Imprensa Nacional – Casa da Moeda, 1995. p. 141-150.

AS PALAVRAS E SEUS SENTIDOS EM CALVINO

Georg Otte[1]

Em suas *Seis propostas para o próximo milênio: Lições americanas*, Calvino dedica a primeira conferência à "Leveza", mais exatamente à oposição entre a literatura "leve" e a "pesada". Segundo o próprio autor, as *Lições* possuem um caráter autobiográfico, sendo que a evolução de sua escrita, inicialmente, estava muito "pesada" e a preocupação principal consistia sobretudo em "retirar peso à estrutura da narrativa e à linguagem" (Calvino, 1990, p. 15).

Ora, mesmo se é comum falar em "estilo pesado", a oposição estabelecida por Calvino não é algo óbvio, uma vez que estamos falando de questões de linguagem, isto é, de algo *simbólico*. O suporte material do símbolo, seja ele leve ou pesado, é secundário, uma vez que sua função principal consiste em transmitir informações imateriais – pelo menos numa visão puramente comunicativa da linguagem. No entanto, todas as cinco conferências apresentam títulos formados por apenas uma palavra (além da "Leveza", há "Rapidez", "Exatidão", "Visibilidade" e "Multiplicidade"), referindo-se a fenômenos da Física, a "mais matemática" das ciências naturais e, consequentemente, aquela que mais trabalha com a simbolização da realidade material. Enquanto as outras ciências, como a Anatomia, se valem de longas descrições, a Física, com suas fórmulas e equações, parece zombar do peso material dos fenômenos representadas por ela.

A intimidade em relação às ciências naturais (lembrando que a palavra grega para natureza é *physis*) é um traço recorrente na obra de Calvino, que era filho de um casal de cientistas. Se a questão da biografia, entretanto, é secundária, a questão do encontro entre o homem e a natureza é uma preocupação constante em sua literatura, seja na tentativa de uma reprodução "fiel" da natureza em suas primeiras obras de cunho neorrealista, seja nas tentativas fracassadas – e cômicas, pelo menos para o leitor – de Palomar de

---

1. Doutor em Literatura Comparada pela Faculdade de Letras da UFMG; professor na mesma Faculdade. Contato: georg.otte@uol.com.br

ser um observador objetivo. Já no primeiro episódio de *Palomar*, em "Leitura de uma onda", o ideal científico da precisão é minado pelo simples fato de o objeto de observação ser uma onda – não uma onda matemática da Física, com determinada amplitude e frequência, mas uma onda concreta do mar.

Seguindo quase fielmente os quatro preceitos do *Discurso do método*, de Descartes, cujo subtítulo barroco é "Para bem conduzir a razão e procurar a verdade nas ciências", Palomar "tende a reduzir suas próprias relações com o mundo externo" (Calvino, 2010, p. 8), procurando "limitar seu campo de observação" (Calvino, 2010, p. 7): se tem presente um quadrado de, digamos, dez metros de praia por dez metros de mar, pode levantar um inventário de todos os movimentos de ondas que ali se repetem com frequência variada dentro de um dado intervalo de tempo.

A passagem lembra o segundo dos quatro preceitos cartesianos, que consiste em "dividir cada uma das dificuldades que examinasse em tantas parcelas quantas fosse possível e necessário para melhor resolvê-las" (Descartes, 1966, p. 23). Palomar procura fazer o recorte necessário para encontrar "a chave para a padronização da complexidade do mundo reduzindo-o ao mecanismo mais simples" (Descartes, 1966, p. 23), obedecendo assim também ao terceiro preceito cartesiano e seu postulado da simplicidade. A abordagem científica, no entanto, causa um desgaste extremo a Palomar, que deixa a praia "com os nervos tensos como havia chegado e ainda mais inseguro de tudo" (Calvino, 2010, p. 11).

A "Leitura de uma onda" é, portanto, uma leitura cansativa para Palomar – e o seria também para o leitor se não se tratasse de uma paródia da postura científica, tal como foi fundamentada por Descartes. Ironicamente, essa postura é semelhante àquela dos santos da Igreja católica, cuja santidade se baseia justamente na resistência às "tentações" dos sentidos. Palomar é um "santo moderno", pois os sentidos, para ele, não partem de um poder diabólico, dos poderes do Mal, mas perturbam as ideias "claras e distintas", para citar a expressão preferida de Descartes. No "intuito de evitar as sensações vagas, ele predetermina para cada um de seus atos um objetivo limitado e preciso" (Calvino, 2010, p. 7). Pelo menos em português, o aspecto irônico é reforçado pela coincidência gráfica entre o adjetivo "vago" e o substantivo "vaga" e pelo fato de o objeto de observação ser logo uma onda, isto é, algo que foge a qualquer discernimento claro. Consequentemente, o esforço de "isolar uma onda" para melhor analisá-la, um preceito não apenas cartesiano, mas também positivista, só não é apenas cômico porque representa ao mesmo tempo uma ameaça à saúde física de Palomar, que corre o risco de sofrer um infarto ou pelo menos uma úlcera gástrica (Calvino, 2010, p. 10).

No intuito de "evitar as sensações vagas", Palomar faz questão de não se deixar absorver pela contemplação, "porque para a contemplação é preciso um temperamento conforme (*adatto*; "adaptado", literalmente), um estado de ânimo conforme e um concurso de circunstâncias externas conforme" (Calvino, 2010, p. 7). Para Palomar, observar significa não se "adaptar" ao objeto de observação, mas afirmar-se como sujeito pensante e independente, seguindo o modelo do *cogito* cartesiano. O esforço mental da autoafirmação, no entanto, se encontra em oposição à "neurastenia" que ameaça Palomar por não ceder às "sensações vagas".

Palomar, portanto, paga um preço alto pela sua postura científica de observador e pelo seu esforço de resistência, que exige uma espécie de anestesia para ser bem-sucedida. Ora, a anestesia, inclusive no âmbito clínico, nada mais é do que uma dessensibilização, sendo que o termo é derivado do grego "aisthesis", a percepção sensorial, a base de qualquer estética. Para não ser presa fácil das "sensações vagas", Palomar tem que tomar uma postura "anestésica", que, segundo Wolfgang Welsch (1993, p. 18-23), se tornou uma condição de sobrevivência do homem moderno. O "preço alto" também lembra as reflexões culturais de Freud, segundo as quais as doenças nervosas seriam uma consequência do processo civilizatório, pois este exigiria a "renúncia pulsional" (*Triebverzicht*), isto é, a renúncia à satisfação do desejo sexual (cf. Freud, 1977; Matteo, 2007/2008). Não se deixar seduzir pelo apelo aos sentidos será um problema ainda maior para Palomar no episódio subsequente, "O seio nu", quando uma mulher faz *topless*, a guisa de uma sereia moderna, provocando uma verdadeira batalha no interior de Palomar entre o visual atrativo da jovem e o controle civilizatório exercido por aquilo que Freud chamou de "superego".

O conflito entre o desejo e a renúncia à sua satisfação está na base da teoria sexual freudiana e do pessimismo em relação às supostas conquistas civilizatórias, uma vez que essa renúncia gera as mais diversas neuroses. Cabe lembrar que Freud vê como única saída desse dilema – fora da satisfação do desejo – a "sublimação" mediante a criação artística, que, de certa maneira, é o ápice das atividades *estéticas*. Portanto, não é a atividade intelectual do conhecimento científico que torna o apelo aos sentidos mais suportável; muito pelo contrário, o domínio científico piora a "neurastenia" de Palomar, um termo um tanto antigo, anterior a Freud, mas ainda usado por ele para um caso particular de neurose (cf. Campos, 2004, p. 92-93).

Captar a realidade a partir de uma posição subjetiva soberana era também a pretensão do Calvino neorrealista. Como em todo realismo, a ambição do autor é reproduzir ou representar a realidade de uma forma objetiva – não através de fórmulas e equações, como na Física, mas mediante as palavras em sua função simbólica. Descrever detalhadamente o ambiente em que viviam as personagens era uma maneira de mostrar que esse ambiente determinava também a vida dessas personagens. Assim, o pensamento positivista de Hippolyte Taine e Ernest Renan, voltado para as ciências e a história, influenciava diretamente a literatura naturalista de Émile Zola, que adotou a postura científica desse pensamento quando procura fornecer a "anatomia" de uma sociedade, descrevendo minuciosamente suas mazelas: "Fazemos a anatomia das classes e dos indivíduos para explicar os danos que se produzem na sociedade e no homem" (Zola, 1968, apud Chelebourg, 2011, p. 1228).

Essa anatomia, no entanto, muitas vezes é tão detalhista quanto a descrição um tanto cansativa de uma onda por Palomar, sendo que a primeira não gera o efeito cômico produzido pela ironia do destino, ou melhor, pela ironia da realidade. O narrador do romance realista ou naturalista pode até ironizar suas personagens, expondo-as ao ridículo, mas não admite que a própria realidade desminta sua pretensão de reproduzi-la fielmente (cf. Otte, 1989). Palomar, narrador e personagem ao mesmo tempo, sabe que a realidade – a onda – foge constantemente ao seu esforço de compreensão e acaba sofrendo fisicamente com a insuficiência dos seus meios em captá-la.

A fase neorrealista se limitou a um episódio relativamente curto na criação literária de Calvino: "Logo me dei conta de que entre os fatos da vida, que deviam ser minha matéria-prima, e um estilo que eu desejava ágil, impetuoso, cortante, havia uma diferença que eu tinha cada vez mais dificuldade em superar" (Calvino, 1990, p. 16). É como se o significado ficasse pendurado no significante como a gôndola de passageiros num balão, tornando a viagem menos "ágil". O primeiro passo para solucionar o problema do peso é tão fácil quanto no caso do balonista: livrar-se do lastro para alcançar a agilidade desejada.

Em sua conferência sobre a "Leveza" no entanto, Calvino recorre ao mito da Medusa para falar do seu oposto, o peso. O mito em si é facilmente resumido: a Medusa transforma em pedra qualquer pessoa que olhar para ela. Perseu a vence porque usa seu escudo como espelho, evitando, assim, o olhar direto. Mas, quem é a Medusa e quem é Perseu no jogo literário? Na lógica do realismo, não seria a própria realidade e a tentativa de reproduzi-la que paralisa a escrita? A realidade petrifica o autor quando este olha para ela? Como "matéria-prima", ela seria uma espécie de minério que resiste ao refinamento pela linguagem? Seria o lastro enquanto obstáculo da leveza?

O uso do mito feito por Calvino se torna mais compreensível quando enxergamos em Perseu a personificação do autor que, para "vencer" a realidade, não pode olhar diretamente para ela. Se o fizer, se procurar transferir a realidade diretamente para a escrita numa escala 1:1, como no caso do mapa do conto "Do rigor na ciência", de Jorge Luis Borges, ele certamente ficaria "com os nervos tensos" como Palomar. O pequeno texto de Borges – sabemos da importância do autor argentino para Calvino – é outra paródia da postura científica. A "perfeição" da escala 1:1, da qual fala no seu texto, aponta não apenas para a impossibilidade de reproduzir a realidade por inteiro – Palomar pelo menos procura fazer um recorte –, mas também para o absurdo de qualquer pretensão realista. O texto pode ser um espelho sim, porém não no sentido da teoria do reflexo de Lukács e sua defesa do realismo socialista, mas como analogia.

"Quando iniciei minha atividade literária, o dever de representar nossa época era um imperativo categórico para todo jovem escritor" (Calvino, 1990, p. 15). Parece que Calvino não demorou a entrar na "crise da representação" e a largar o ideal realista de uma descrição exata da realidade. A "leveza" da linguagem é alcançada livrando-se do lastro do significado, que, na melhor das hipóteses, é utilizado em função emblemática, isto é, como ilustração analógica da leveza. O exemplo escolhido por Calvino é o *Decamerone* (VI, 9), de Boccaccio, sobre um episódio do poeta florentino Guido Cavalcanti, quando se livra de um grupo de jovens que o importunam: "e apoiando-se sobre um daqueles túmulos, que eram bem altos, levíssimo que era, deu um salto arrojando-se para o outro lado e, desembaraçando-se deles, lá se foi" (Boccaccio apud Calvino, 1990, p. 23-24).

Segundo Calvino, esse salto de Cavalcanti seria emblemático por sua criação literária, em que "o peso da matéria se dissolve pelo fato de poderem ser numerosos e intercambiáveis os materiais do simulacro humano" (Calvino, 1990, p. 25). A comparação com Dante, em cuja obra "tudo adquire consistência e estabilidade" (Calvino, 1990, p. 25), serve para marcar a diferença em relação ao poeta florentino. "Em Dante, o advérbio 'come' encerra toda a cena na moldura de uma metáfora" (Calvino, 1990, p. 26), ou seja, consistência e estabilidade são alcançadas através de uma imobilização da cena, ao contrário do dinamismo fugaz na poesia de Cavalcanti.

A leveza emblemática permite a Calvino estabelecer uma relação de analogia entre a aparência física e a escrita de Cavalcanti; a agilidade do corpo encontra seu paralelo na leveza da linguagem.

No 2º capítulo de *Se um viajante numa noite de inverno*, o narrador, dialogando com o leitor, fala de uma troca de partes de um livro devido a um erro de encadernação. Na verdade, trata-se do próprio *Se um viajante numa noite de inverno*, de Italo Calvino. O erro consiste na inserção equivocada de uma parte do livro *Fora do povoado de Malbork*, do (suposto) autor polonês Tatius Bazakbal (qualquer semelhança com os nomes próprios usados por Borges e a *mise en abîme* borgiana *não* são mera coincidência). O narrador acaba se interessando mais pelo autor polonês, cujo livro, à maneira antiga, tem que ser cortado:

> As folhas do volume não foram cortadas – o primeiro obstáculo que se contrapõe a sua impaciência. Munido de uma boa espátula, você se apressa em penetrar nos segredos dele. Com um corte decidido, abre caminho entre o frontispício e o início do primeiro capítulo. E eis que...
> Eis que, já na primeira página, você percebe que o romance que está segurando entre as mãos nada tem a ver com aquele que estava lendo ontem.
>
> Quando se abre a página, um cheiro de fritura paira no ar, ou, antes, um cheiro de cebola, de cebola refogada, um pouco queimadinha, porque há na cebola certas estrias que ficam lilases e depois escuras, sobretudo nas bordas, nas margens de cada pequeno pedaço que enegrece antes de dourar, é o sumo da cebola que se carboniza, passando por uma série de matizes olfativos e cromáticos, todos misturados ao cheiro do óleo que frita lentamente. Óleo de colza, vem especificado no texto, no qual tudo é muito preciso, as coisas com nomenclatura e com as sensações que transmitem. (Calvino, 1999, p. 40-41)

A vantagem da literatura "analógica" é que cada elemento pode ser "espelho" do outro, permitindo assim o "olhar indireto" de Perseu e evitando o engessamento – ou a petrificação – da escrita pela "Medusa" do realismo. Ao contrário da escrita linear realista, que prescreve uma leitura não menos linear e determinista, o leitor está livre de descobrir reflexos e de refletir sobre possíveis espelhamentos dentro da mesma obra. Não sabemos se o autor teve a intenção de estabelecer alguma relação entre o cortar das páginas e o descascar de uma cebola, mas, como leitor, temos o direito de especular sobre as possíveis analogias – lembrando que *speculo*, em latim, significa "espelho".

O que poderia ser mera especulação (agora no mau sentido da palavra) é reforçado pelo fato de o livro, no momento em que é aberto pelo leitor, exalar um cheiro de cebola. Significante e significado se fundiram numa linguagem "pesada", de maneira que a reação do leitor não é diferente daquela de um observador, sendo que este não é mais o observador distante e "anestesiado" como Palomar, mas alguém que se entrega às "sensações vagas" provocadas pelo livro. *Ler* e *ver* se misturam devido a uma escrita que não tem mais nada de leve, mas também não sofre com o peso de um significado alheio ao significante. Trata-se de uma escrita em que as palavras deixaram de ser meros símbolos, portadores de um "lastro" pesado, uma vez que possuem materialidade ou "densidade", uma qualidade que Calvino, na conferência analisada, havia atribuído a Dante. E, nessa densidade, o narrador de *Se um viajante numa noite de inverno* continua:

> Aqui tudo é muito concreto, denso, definido com competência garantida, ou pelo menos a impressão que você tem, Leitor, é de competência, embora não conheça certos pratos, cujos nomes o tradutor achou melhor deixar na língua original, *schoëblintsjia*, por exemplo, mas você, ao ler *schoëblintsjia*, é capaz de jurar que a *schoëblintsjia* existe, consegue sentir-lhe distintamente o sabor, mesmo que o texto não mencione nada sobre isso, um sabor acídulo, sugerido um pouco talvez pela sonoridade da palavra, um pouco pela grafia, ou ainda porque, nessa sinfonia de aromas, sabores e palavras, você tem a necessidade de uma nota acidulada. (Calvino, 1999, p. 41-42)

"As palavras e as coisas" se misturam, sendo que a alusão a Foucault vai muito além do título de sua obra principal: as palavras desse texto não representam mais "as coisas", mas se fundem com elas com base numa força associativa que, à maneira do famoso experimento de Pavlov, pode até dar "água na boca". Da mesma maneira que Pavlov treinou seu cachorro para desenvolver o reflexo condicionado, a palavra que designa uma cebola e todas as outras que se referem às sensações associadas a sua fritura podem provocar a reação física da salivação. Diferentemente da reação patológica de Palomar, que procura se controlar e se esquivar às "sensações vagas", a reação "saudável" do leitor pode ser igual àquela de um observador sensível, ambos se encontrando numa situação *análoga*. Ler e ver acabam sendo quase a mesma coisa graças à imaginação, que faz ao mesmo tempo a diferença do ser humano em relação ao cachorro.

Na passagem citada, a descrição longa e detalhada, a acumulação de termos que se referem ao processo da fritura da cebola, intensifica e multiplica ainda mais as sensações evocadas. Por maior que seja a distância que separa o homem de um animal, trata-se, pelo menos inicialmente, de uma reação física semelhante. Trata-se de uma reação involuntária e, até um certo ponto, incontrolável, que, quando é controlada ou reprimida, pode causar "neurastenia", como no caso de Palomar. À maneira da *madeleine* proustiana, a palavra pode evocar o momento de um passado remoto, isto é, acionar a memória involuntária a partir de suas próprias qualidades sensoriais, "um pouco talvez pela sonoridade da palavra, um pouco pela grafia" (Calvino, 1999, p. 41). A "sinfonia de aromas, sabores e palavras [sonoras]" (Calvino, 1999, p. 42) na verdade é uma sinestesia, pois envolve a visão, o olfato, a audição, o paladar e talvez também o tato para sentir a consistência da cebola.

O apelo aos sentidos, portanto, pode partir tanto da percepção de uma coisa quanto da leitura de uma palavra – uma leitura "perceptiva", feita pelos cinco sentidos, diferente da "Leitura de uma onda", ensaiada por Palomar. Enquanto Palomar procura recortar, identificar e medir uma onda na melhor tradição científica, questionando até o próprio sentido da palavra "onda", ele procura ao mesmo tempo manter a distância em relação ao fenômeno real para não se deixar afetar pelos sentidos. O contraste entre o episódio de Palomar e o da cebola não é apenas um exemplo pelo experimentalismo diversificado de Calvino, mas evidencia a diferença fundamental entre as duas acepções do termo "sentido", que pode ser o significado de uma palavra em sua função simbólica e comunicativa, mas pode se referir também às suas qualidades materiais (sonoras ou gráficas), percebidas pelos cinco sentidos. Sem dúvida, o uso literário da palavra se vale sempre das duas acepções, uma vez que não se limita a transmitir informações, mas também sensações, lembranças involuntárias que o leitor passa a sentir "na própria pele".

Referências bibliográficas

CALVINO, I. *Lezioni americani – Sei proposte per il prossimo millennio*. Milano: Mondadori, 1993.

CALVINO. I. *Palomar*. Milano: Mondadori, 1994.

CALVINO. I. *Palomar*. 2ª ed. São Paulo: Companhia das Letras, 2010.

CALVINO, I. *Seis propostas para o próximo milênio: Lições Americanas*. Trad.: Ivo Barroso. São Paulo: Companhia das Letras, 1990.

CALVINO, I. *Se um viajante numa noite de inverno*. Trad.: Nilson Moulin. São Paulo: Companhia da Letras, 1999.

CAMPOS, É. B. V. A primeira concepção freudiana de angústia: uma revisão crítica. *Ágora*, v. 7, n. 1, jan-jun 2004, p. 87-107.

CHELEBOURG, C. et al. *Héritage, filiation, transmission : Configurations littéraires (XVIIIe – XXIe siècle)*. Louvain, Presse universitaires de Louvain, 2011.

DESCARTES, R. *Discours de la méthode – Pour bien conduire sa raison et chercher la vérité dans les sciences*. Paris : Garnier-Flammarion, 1966.

FERRAZ, B. F. Calvino e as múltiplas formas de narrar: algumas considerações sobre *A trilha dos ninhos de* aranha e *Se um viajante numa noite de inverno*. Disponível em: <http://www.ichs.ufop.br/memorial/trab2/l314.pdf>. Acesso em: 21/10/2014.

FREUD, S. Moral sexual "civilizada" e doença nervosa moderna. *Edição Standard Brasileira das Obras Psicológicas Completas de Sigmund Freud*. Rio de Janeiro: Imago, 1977. (1908). Vol. IX.

MATTEO, V. Moral sexual "civilizada" e doença nervosa moderna. *Perspectiva Filosófica*, v. 2, n. 28 (jul-dez de 2007) e 29 (jul-dez de 2008), p. 121-137.

OTTE, G. A ironia em *Morte em Veneza*, de Thomas Mann. *Revista do Departamento de Letras Germânicas da Faculdade de Letras UFMG*. Belo Horizonte, v.10, p. 22-29, 1989.

WELSCH, W. *Ästhetisches Denken*. Stuttgart: Reclam, 1993.

ZOLA, E. Le roman expérimental. *Oeuvres complètes*, v. 10. Paris: Hachette, 1968.

CORPOS PRENHES DE INCERTEZA:
literatura e saber trágico em Italo Calvino

Luiz Lopes[1]

> *Todos rolamos nas mãos um velho pneu vazio por meio do qual queremos atingir o sentido último que as palavras não alcançam.*
>
> Italo Calvino

Em 1983, o escritor italiano Italo Calvino publicava seu romance *Palomar*. Há várias formas de ler esse texto, como há diversas formas de ler todo grande livro, mas vale dizer que aqui a leitura se faz como crime[2]. Penso em me arriscar num percurso que busca sentir como Calvino se aproxima de (e produz) cenas, imagens, fragmentos, que, por sua vez, reportam o leitor ao que poderíamos chamar de um saber problemático[3]. Quero dizer que a esse modo de ver o mundo, a esse tipo de conhecimento, que está encenado na obra do escritor italiano, poderíamos acrescentar outro adjetivo significativo, *trágico*. Esse saber aberto tão aclamado por alguns pensadores e reivindicado por Nietzsche no século 19 talvez seja o conhecimento mais próximo daquele que é particular ao campo da literatura: um

---

1. Professor de Língua Portuguesa, Literatura e Cultura no Centro Federal de Educação Tecnológica de Minas Gerais. Doutor em Literatura Comparada pela UFMG. Contato: luigilopes@gmail.com
2. "O leitor como criminoso, que utiliza os textos em seu benefício próprio e faz dele um uso indevido, funciona como um hermeneuta selvagem. (...) O livro é um objeto transacional, uma superfície sobre a qual se deslocam as interpretações" (Piglia, 2006, p. 34).
3. "O conflito trágico nos desarma frente a toda possibilidade de solução, nos deixa inermes em nossa capacidade de sujeitos agentes que querem dominar o curso do que acontece. Por isso, o herói trágico não é aquele que pode fazer frente a todos os avatares dos fatos, dominando-os, e sim aquele que sabe que existe uma boa dose de sorte e de não sentido em tudo o que sucede" (Gragnolini, 2006, p. 71, tradução minha).

saber precário, aberto e que, principalmente, volta-se contra si mesmo em constante suspeita.

Antes de tentar definir esse saber incerto, o que seria uma armadilha, vale a pena ler um fragmento terminante do romance, uma espécie de ferida aberta e zona nevrálgica, quando pensamos no aspecto trágico que atravessa essa escrita. O fragmento está no capítulo "A contemplação das estrelas", no qual o senhor Palomar observa o espaço e sente que nesse ambiente o que há é sempre incerteza, dúvida e insegurança.

> O firmamento é algo que está lá em cima mas do qual não se pode extrair nenhuma ideia de dimensões ou distância.
> Se os corpos estão prenhes de incerteza, só resta confiar na escuridão, nas regiões desertas do céu. Que pode ser mais estável do que o nada? Contudo, não se pode, nem mesmo do nada, estar cem por cento seguro. Palomar, onde vê uma clareira no firmamento, uma brecha oca e negra, lá fixa o olhar como se projetando nela; e eis que também ali no meio toma forma um grãozinho claro qualquer ou uma pequenina mancha ou sarda; mas ele não chega a estar seguro se elas estão naquele lugar de fato ou apenas tem a impressão de vê-las. Talvez seja um clarão como aqueles que se veem rodar mantendo-se os olhos fechados (o céu escuro é sulcado de fosfenas como o reverso das pálpebras); talvez seja um reflexo de seus óculos; mas poderia ser também uma estrela desconhecida que emerge das profundezas mais remotas. (Calvino, 1994, p. 43-44)

Nesse capítulo, o narrador mostra a imagem de Palomar que se situa num momento de contemplação do céu. Ele vê o firmamento em seu *claro-escuro*, naquilo que há de seguro e de intermitente. Ao observar os corpos celestes, o personagem desconfia de que esses restos luminosos, como tudo o que existe, estão grávidos de uma incerteza constitutiva que, na verdade, movimenta o próprio mundo. Nesse sentido, a imagem criada por Calvino já aponta para um saber que desconfia de si mesmo. O movimento de Palomar vai da constatação da existência de um determinado objeto, que pode ser contemplado, à percepção de que mesmo diante de muito esforço esse mesmo objeto, ainda que possa ser visto e observado, não pode ser apreendido e cristalizado. É preciso também dar crédito à escuridão, símbolo do não-saber, da dúvida e da incerteza. A escuridão ou o nada, a pura ausência, poderia ser aquilo que encerra em si uma verdade absoluta. Mas, mesmo diante dessa possível verdade, o personagem parece suspeitar que não há como se deter em um lugar fixo. Ainda sobre o nada não se pode estar cem por cento seguro, posto que dele brotam zonas de luminosidade, surgem fissuras e engendram-se novos corpos.

Essa imagem, uma espécie de centro de irradiação do romance, com correspondências em quase todos os capítulos, coloca o leitor frente a uma questão que parece ser central nesse livro. Trata-se do fato de que Calvino deseja enunciar a história de um homem que sofre com o excesso de saber, de técnica, de ciência, de complexidade do mundo. Palomar é, em certa medida, esse sujeito tão próximo do homem do século 21 que, tentando fugir do devir, por vezes, busca "um objetivo preciso e limitado" (Calvino, 1994, p. 7). Um ser humano que se perde e que se angustia diante do excesso de informações e, principalmente, que se entristece por querer dominar o mundo por meio de um pretenso conhecimento e controle totalizante do que existe[4]. São inúmeras as tentativas de conhecer, de forma completa, o mundo. Mas cada tentativa do personagem é frustrada pela constatação de que não há como apreender de modo acabado o real, já que as suas configurações são movediças, instáveis e móveis.

O primeiro episódio do livro, "Palomar na praia", é significativo nesse sentido, uma vez que mostra o senhor Palomar durante suas férias no litoral tentando efetuar a leitura de uma onda. A escolha da onda por si só já atua como símbolo do abalo. Apreender uma onda é sempre uma tarefa frustrada, já que toda onda pressupõe um movimento desde seu surgimento até sua total anulação. Os movimentos de fluxo e refluxo do mar produzem vibrações que engendram sempre novas ondas que nunca se repetem. Mais que isso, Calvino parece apontar para o fato de que todo conhecimento depende do lugar a partir do qual ele é produzido. Nesse sentido, o conhecimento é entendido como um saber perspectivo (Cf. Nietzsche, 2001, p. 202).

De modo análogo, o mundo para Nietzsche se apresenta como "uma diversidade caótica, em constante fluxo, um processo destituído de finalidade, uma multiplicidade de forças sem qualquer unidade, um puro devir que jamais atingirá um estado de ser" (Rocha, 2003, p. 17). Esse dado se relaciona ao que o filósofo diria sobre a produção de um saber trágico, que é em última instância sempre um conhecimento perspectivo. No aforismo

---

4. "Homem nervoso que vive num mundo frenético e congestionado, o senhor Palomar tende a reduzir suas próprias relações com o mundo externo e para defender-se da neurastenia geral procura manter tanto quanto pode suas sensações sobre controle" (Calvino, 1994, p. 7).

374 de *A gaia ciência*, intitulado "Nosso novo 'infinito'", o filósofo de Sils-Maria diz que "não podemos enxergar além de nossa esquina" (Nietzsche, 2001, p. 278). É exatamente essa espécie de "limitação" do olhar que já é posta no primeiro episódio de *Palomar* diante das ondas. Em determinado momento, o narrador diz que, sem perder o ânimo ao observar as ondas, o senhor Palomar "observa tudo que poderia ver de seu ponto de observação, mas sempre ocorre alguma coisa que não tinha levado em conta" (Calvino, 1994, p. 11). Depois de tentar configurar seu olhar de modo a capturar uma imagem totalizante, Palomar se afasta da praia, "com os nervos tensos como havia chegado e mais inseguro de tudo" (Calvino, 1994, p. 11).

Esses fragmentos do livro demonstram por si mesmos o quanto o olhar de Palomar, como o de todo homem, é uma visão perspectiva. Mesmo que o personagem tenha em muitos momentos impulsos ligados a uma vontade de verdade, a um desejo de simplificação e de apreensão do mundo, o que salta aos seus olhos e, por conseguinte, ao dos leitores, é a complexidade do mundo e seu princípio de contradição permanente[5]. Seria para Palomar um alívio se ele "conseguisse anular seu eu parcial e duvidoso na certeza de um princípio do qual tudo deriva" (Calvino, 1994, p. 17), mas é justamente a ausência desse princípio que volta e meia salta aos seus olhos. Tal como o perspectivismo nietzschiano, o pensamento de Palomar esbarra numa constatação trágica, que se enuncia pela proliferação de interpretações, pelo jogo de perspectivas[6] e de aparências.

Talvez fosse necessário dizer que Palomar é um homem que sente muito medo e é esse receio que o faz querer chegar a uma verdade, a uma verdade absoluta que o pudesse acalmar. Toda forma de diferença, na verdade, o angustia como é dito pelo narrador no episódio "O assovio dos melros". Noutro episódio não menos significativo, "O gramado infinito",

---

5. "Contudo, o senhor Palomar não perde o ânimo e a cada momento acredita haver conseguido observar tudo o que poderia ver de seu ponto de observação, mas sempre ocorre alguma coisa que não tinha levado em conta. Se não fosse pela impaciência de chegar a um resultado completo e definitivo de sua operação visiva, a observação das ondas seria para ele um exercício muito repousante e poderia salvá-lo da neurastenia, do infarto e da úlcera gástrica. E talvez pudesse ser a chave para a padronização da complexidade do mundo reduzindo-o ao mecanismo mais simples" (Calvino, 1994, p. 9-10).
6. "Todos os que têm olhos vêem o reflexo que os segue; a ilusão dos sentidos e da mente os mantém sempre prisioneiros. Um terceiro condômino intervém, um eu mais equânime: Quer dizer que, seja como for, faço parte dos indivíduos que sentem e pensam, capazes de estabelecer uma relação com os raios solares, e de interpretar e avaliar as percepções e as ilusões" (Calvino, 1994, p. 15-16).

o personagem tenta classificar e calcular quantos fios de erva existem na busca de um conhecimento estático do gramado que trará a estabilidade. Mas é justamente essa estabilidade que não pode ser alcançada. Palomar, depois de inúmeras tentativas classificatórias, depara-se com o fato de que toda tentativa de cristalização, catalogação ou enumeração possui falhas que não dão conta dos objetos do mundo.

> Palomar distraiu-se, não arranca mais as ervas, não pensa mais no gramado: pensa no universo. Está tentando aplicar ao universo tudo o que pensou a respeito do gramado. O universo como cosmo regular e ordenado ou como proliferação caótica. O universo, talvez finito mas inumerável, instável em seus limites, que abre dentro de si outros universos. O universo, conjunto de corpos celestes, nebulosas, poeira de estrelas, campos de força, interseções de campos, conjuntos de conjuntos... (Calvino, 1994, p. 32)

Nesse ponto a imagem que pode se depreender desta passagem é bem próxima daquela usada por Nietzsche para falar do saber trágico que ele defende como chave de acesso ao mundo. Essa imagem é o testemunho de um mundo caótico, instável, e a partir do qual se pode engendrar uma infinidade de interpretações. Para Nietzsche, o mundo se torna infinito na medida em que não se podem rejeitar infinitas interpretações (Cf. Nietzsche, 2001, p. 92). Essa constatação também parece ser cara a Calvino, já que em *Palomar* também existe essa premissa de que muito do que vemos escapa ao nosso olhar[7], de que o mundo é sempre entrevisto por um ver perspectivo, que não deseja e nem pode fixar os objetos e oferecê-los de modo acabado e definitivo, mas antes apenas o ver pelo olhar míope e astigmático, um olhar que multiplica as interpretações, assim como gera sempre mais dúvidas sobre o que é visto, acentuando as incertezas como no episódio em que o senhor Palomar contempla a lua do entardecer[8].

---

7. "Palomar já passou para outro curso de pensamentos: será o gramado aquilo que vemos ou vemos antes uma erva e mais outra e mais outra...? Aquilo que designamos como ver o gramado é apenas o efeito de nossos sentidos aproximativos e grosseiros" (Calvino, 1994, p. 32).
8. "Nesta fase o céu é ainda algo de muito compacto e concreto, e não pode estar seguro de que seja de sua superfície tesa e ininterrupta que se esteja destacando aquela forma redonda e alvacenta, de consistência apenas um pouco mais sólida que as nuvens, ou se, ao contrário, se trata de uma corrosão do tecido de fundo, um desmalhe da cúpula, uma brecha que se abre sobre o nada que lhe fica por trás. A incerteza é acentuada pela irregularidade da figura que de uma parte está adquirindo relevo (onde mais lhe chegam os raios do sol poente) e de outra se demora numa espécie de penumbra. E como os limites

Esse jogo perspectivo que de certo modo é encenado em *Palomar*, no entanto, não significa que tudo é válido. Tal como o perspectivismo é visto por Nietzsche, trata-se, antes, de um ver que não deseja chegar a uma verdade, mas ao mesmo tempo deseja valorar. O saber trágico ou, dito de outro modo, esse olhar perspectivo não é uma visão neutra, e sim uma tomada de posição que deseja afirmar a vida. Abre-se daí uma suspeita em relação a verdades cristalizadas. O fato de se saber vivo alegra o pensamento de Palomar, como é dito no capítulo "O olho e os planetas". O personagem de Calvino se equilibra entre os opostos da grande melancolia e de pequenos lampejos de alegria. Num outro episódio, "Palomar no terraço", o personagem chega o mais próximo desse saber trágico, que significa sempre a afirmação do terreno, a asseveração do lado problemático da vida e, sobretudo, a aceitação incondicional do mundo, das aparências, juntamente com a recusa de uma verdade profunda.

Palomar se imagina pássaro e, nesse exercício de pensamento, que rompe com o antropocêntrico[9], observa que é necessário conhecer a superfície do mundo, a epiderme das coisas e dos objetos. Nesse sentido, existe aqui um elogio das aparências, das formas, como modo de conhecer, como modo de saber. É esse saber alegre que é reivindicado, ainda que o próprio personagem tenha tanta dificuldade de se deter ou de se entregar a esse modo de reconhecimento do que existe. Em outro aforismo de *A gaia ciência*, Nietzsche chama a atenção para uma consciência que surge das aparências. Para o filósofo alemão, a aparência não se constitui como o oposto de uma dada essência. Assim, ele afirma que a aparência é para ele aquilo mesmo que atua e vive, e, sobretudo, aquilo que faz com que o sonho da existência possa prosseguir[10]. Ao ponderar sobre a potência da

---

entre as duas zonas não são muito nítidos, o efeito que disso resulta não é de um sólido visto em perspectiva" (Calvino, 1994, p. 33-34).

9. "De fato, o conhecimento é antropomórfico porque opera a partir das formas do intelecto e da fisiologia humana, mas ele não é antropocêntrico: o homem, justamente, não é o centro do universo e sua medida não é a medida das coisas" (Rocha, 2003, p. 96).

10. "Como é nova e maravilhosa e, ao mesmo tempo, horrível e irônica a posição que sinto ocupar, com o meu conhecimento, diante de toda existência! Eu descobri que a velha humanidade e animalidade, e mesmo toda a pré-história e o passado de todo ser que sente, continua inventando, amando, odiando, raciocinando em mim – no meio deste sonho acordei repentinamente, mas apenas para a consciência de que sonho e tenho de prosseguir sonhando, para não sucumbir: tal como o sonâmbulo tem de prosseguir o sonho para não cair por terra. O que é agora, para mim, a aparência? Verdadeiramente, não é o oposto de alguma essência – que posso eu enunciar de qualquer essência, que

superfície, Palomar parece sentir que o mundo pode ser apreendido também por uma "espécie de sonho", por um olhar que se deixa guiar pelo não saber, por uma vontade de não classificar, de rasurar o que foi enumerado, e de eclipsar os eventos catalogados. É esse gaio saber que permanece na superfície das coisas, que se volta para a Terra e não para um além (aqui cabe pensar no nome de Palomar, referência invertida do famoso observatório telescópio voltado ironicamente para o terreno) e que engendra a alegria da existência. Esse conhecimento não deseja o que está embaixo das coisas, mas tão somente a superfície[11].

É bem conveniente notar que, logo após a averiguação de Palomar de que é necessário esse conhecimento da superfície, das aparências e das formas, apresentado no final do capítulo "Palomar no terraço", Calvino abra o próximo episódio, "A barriga do camaleão", com imagens do animal que está no eirado e joga com as mudanças, as máscaras e a potência do falso. A imagem do camaleão mostra o aspecto oculto daquilo que não se mostra à primeira vista. Não se trata, para ver o animal, de ir às profundezas, mas, antes, de permanecer observando as aparências, a superfície movente que evidencia o jogo de camuflagens que se decompõem conforme as necessidades vitais. O camaleão é o bicho que modifica suas formas, que transforma sua aparência num processo de disfarce de acordo com os imperativos de sobrevivência. Ele direciona o olhar do outro com a finalidade da afirmação e da conservação da vida. O mesmo parece ser aquilo que se propõe sobre o olhar perspectivo. Esse olhar não deseja se deter numa verdade, mas ver as coisas a partir dos sonhos, a partir de um lugar que afirma a vida, que

---

não os predicados de sua aparência? Verdadeiramente, não é uma máscara mortuária que se pudesse aplicar a um desconhecido X e depois retirar! Aparência é, para mim, aquilo mesmo que atua e vive, que na zombaria de si mesmo chega ao ponto de me fazer sentir que tudo aqui é aparência, fogo fátuo, dança de espíritos e nada mais – que, entre todos esses sonhadores, também eu, o 'homem do conhecimento', danço a minha dança, que o homem do conhecimento é um recurso para prolongar a dança terrestre e, assim, está entre os mestres de cerimônia da existência, e que a sublime coerência e ligação de todos os conhecimentos é e será, talvez, o meio supremo de manter a universalidade do sonho e a mútua compreensibilidade de todos esses sonhadores, e, precisamente com isso, a duração do sonho" (Nietzsche, 2001, p. 92).

11. "Talvez as máscaras femininas, por meio de seu amor à superfície, por meio de seu culto pelo distanciamento, permitam compreender de maneira mais lúcida o que todo saber trágico conhece: que por detrás de toda construção, detrás de toda beleza, detrás de cada coisa, nada há. Por isso, é melhor sempre ficar e demorar-se – de modo feminino e tragicamente – na superfície" (Gragnolini, 2006, p. 80, tradução minha).

produz alegria e esse lugar não é o do conhecimento científico, do *logos*, mas o do saber trágico.

Assim, esse saber da superfície tangencia com frequência a suspeita que opera em *Palomar* pelo silêncio. Em um ensaio intitulado "Nietzsche e o século 19", Ricardo Foster assinala que o pensamento trágico do filósofo alemão contribuiu sobremaneira para rechaçar algo que era tão presente no século de Nietzsche e que de certa forma vemos renascer com força em nossa contemporaneidade. Falamos aqui do período em que o discurso de uma razão absoluta deseja sua consagração, mas, ao mesmo tempo, abre espaços para o seu questionamento, e o surgimento também de outra força chamada de suspeita[12]. Colocações similares seriam feitas antes por Michel Foucault, quando o pensador francês escreveu *Nietzsche, Freud e Marx*, chamando atenção para o fato de que com esses pensadores o campo do pensamento vê surgir um grande deslocamento que foi o de mostrar que toda interpretação se arquiteta por meio do signo do inacabado, por meio de uma negação e esbarrando num ponto de ruptura[13].

Paira, assim, sobre toda e qualquer interpretação do mundo uma suspeita em relação à própria linguagem, já que a linguagem não consegue apreender as coisas de modo absoluto nem falar delas de modo acabado. O personagem Palomar parece se mover entre esses dois polos opostos, ele desliza entre esses lugares, já que por um lado se identifica (ou poderia fazê-lo) com o homem moderno que deseja um saber totalizante sobre determinados objetos, mas por outro lado, mostrando sua ambivalência, experimenta o fracasso de toda tentativa de nomeação, catalogação e ordenação. Ele reconhece sempre a desordem, o imprevisto, o incontornável que também faz parte do real. Talvez, a constatação de que as coisas escapam sempre a toda tentativa de inventariá-las seja dada a Palomar por meio do questionamento da linguagem.

É necessário neste ponto retomarmos a imagem que abre o presente texto. Na epígrafe deste texto, vemos a representação de seres que rolam um pneu na mão à procura de uma linguagem que pudesse lhes oferecer o sentido último das coisas. Essa epígrafe, na verdade, retirada do pró-

---

[12]. "Um tempo no qual o discurso predominante era o do progresso, do liberalismo, do 'laissez faire'. Uma época de projetos e convulsões, de consagração da razão, mas também do surgimento da suspeita frente a essa consagração" (Foster, 1997, p. 346, tradução minha).
[13]. "A existência sempre aproximada do ponto absoluto de interpretação, significaria ao mesmo tempo a existência de um ponto de ruptura" (Foucault, 1997, p. 21).

prio romance de Calvino, diz respeito ao episódio "O gorila albino". Nesse episódio, Palomar se encontra no zoológico de Barcelona, onde "existe o único exemplar de símio albino que se conhece no mundo, um gorila da África equatorial" (Calvino, 1994, p. 77). Ele observa o gorila e pensa no peso de se carregar sua própria singulariadde. É ainda nessa passagem que aparece a questão da linguagem e do vazio. O senhor Palomar pensa como a linguagem não consegue apreender os objetos, as coisas e as ocorrências do mundo[14]. Junto com o gorila há um pneu e talvez

> identificando-se com ele o gorila esteja a ponto de alcançar no fundo do silêncio as fontes das quais brota a linguagem, de estabelecer um fluxo de relações entre os seus pensamentos e a irredutível evidência surda dos fatos que determinam sua vida... (Calvino, 1994, p. 77)

Depois de observar o gorila, Palomar sai do zoológico e talvez tenham sido essas últimas experiências, assim como outras não ditas, que fizeram com que esse homem chegasse próximo de uma atitude tão trágica, a do silêncio, a de morder a língua[15] antes de falar. Esse silêncio próprio de quem chega perto de um abismo e descobre que toda verdade é uma metáfora gasta pelo tempo, assim como se depara com o nada, esbarra no absurdo, coloca em relevo o fato de que os próprios limites da linguagem, sua própria carência, apontam, por sua vez, para a condição de que tudo o que existe são as máscaras que vão sendo tiradas uma a uma. Esse homem talvez seja capaz de perceber que é preciso passar pela vida como quem a abençoa, e não como quem a ama[16], pois uma última máscara sempre cai e depois dela o sentido que há é o de que não existe mais nada por detrás dela. É

---

14. "O que é a verdade, portanto? Um batalhão móvel de metáforas, metonímias, antropomorfismos, enfim, uma soma de relações humanas, que foram enfatizadas poética e retoricamente, transpostas, enfeitadas, e que, após longo uso, parecem a um povo sólidas, canônicas e obrigatórias: as verdades são ilusões, das quais se esqueceu que o são, metáforas que se tornaram gastas e sem força sensível, moedas que perderam sua efígie e agora só entram em consideração como metal, não mais como moedas" (Nietzsche, 2014, p. 66).
15. "Ou melhor: um silêncio pode servir para excluir certas palavras ou mesmo mantê-las de reserva para serem usadas numa ocasião melhor. Dessa forma uma palavra dita agora pode economizar cem amanhã ou talvez obrigar-nos a dizer outras mil. 'Cada vez que mordo a língua', concluiu mentalmente o senhor Palomar, 'devo pensar não apenas no que estou para dizer, mas em tudo o que se digo ou não digo será dito ou não dito por mim ou pelos outros'. Formulando este pensamento, morde a língua e permanece em silêncio" (Calvino, 1994, p. 94).
16. "Devemos nos despedir da vida como Ulisses de Nausícaa – bendizendo mais que amando" (Nietzsche, 1992, p. 72).

preciso aprender a estar morto e dizer sim enquanto ainda estamos vivos. Assim termina a história do senhor Palomar, como a de todo homem: "Se o tempo deve acabar, pode-se descrevê-lo, instante por instante, pensa Palomar, e cada instante, para se poder descrevê-lo, se dilata tanto que já não se vê mais seu fim" (Calvino, 1994, p.112) e então "Decide que se porá a descrever cada instante de sua vida, e enquanto não houver descrito a todos não pensará mais em estar morto. Neste momento Morre" (Calvino, 1994, p.112).

Referências bibliográficas

CALVINO, I. *Palomar*. Trad.: I. Barroso. São Paulo: Companhia das Letras, 1994.

FOSTER, R. Nietzsche y el siglo XIX. In: CASSULO, N., FOSTER, R. e KAUFMAN, A. (orgs.). *Itinerarios de la modernidad: corrientes del pensamineto y tradiciones intelectuales desde la ilustración hasta La posmodernidad*. Buenos Aires: oficina de publicaciones del CBC, 1997. p. 343-368.

GRAGNOLINI, M. Tragedia y superficie – el saber de la superficie y el abismo de la nada. In: FEITOSA, C., BARRENECHEA, M. A., PINHEIRO, P. (orgs.). *Nietzsche e os gregos: arte, memória e educação. Assim falou Nietzsche V*. Rio de Janeiro: DP&A, 2006. p. 65-80.

NIETZSCHE, F. *A gaia ciência*. Trad.: P. C. Souza. São Paulo: Companhia das Letras, 2001.

NIETZSCHE, F. *Obras incompletas*. Trad.: R. R. T. Filho. São Paulo: 34, 2014.

NIETZSCHE, F. *Além do bem e do mal*. Trad.: P. C. Souza. São Paulo: Companhia das Letras, 1992.

PIGLIA, R. *O último leitor*. Trad.: H. Jahn. São Paulo: Companhia das Letras, 2006.

ROCHA, S. P. V. *Os abismos da suspeita: Nietzsche e o perspectivismo*. Rio de Janeiro: Relume Dumará, 2003.

AS INTRÍNSECAS RELAÇÕES ENTRE REALIDADE E FANTASIA NA OBRA DE ITALO CALVINO

Marília Matos[1]

> *Il fantastico, contrariamente a quel che si può credere, richiede mente lucida, controllo della ragione sull'ispirazione istintiva o inconscia, disciplina stilistica; richiede di saper nello stesso tempo distinguere e mescolare finzione e verità, gioco e spavento, fascinazione e distacco, cioè leggere il mondo su molteplici livelli e in molteplici linguaggi simultaneamente.*[2]
>
> Italo Calvino

A produção literária de Italo Calvino, seja ela teórica ou ficcional, é fortemente caracterizada por uma hábil e lúcida oscilação entre os modos da escritura e os modos da oralidade. Intelectual atento, Calvino se une aos estudiosos que se interessam pelas intrínsecas relações e conceituações entre a tradição escrita e a tradição oral para as manifestações narrativas e poéticas de todos os tempos. Em seus escritos, reflete sobre a importância da tradição, do narrador oral anônimo, do fantástico, do "maravilhoso" – para os estudos literários em geral – e se une a tantos outros estudiosos, que refletem sobre memória e sobre como as relações entre literatura e outros sistemas discursivos são importantes para a narração e para a constituição do sujeito. Ouvir ou ler uma história "maravilhosa" suscita em nós ecos e ressonâncias de um saber arcaico e universal – não plenamente racional

---

1. Doutora em Letras pela Università di Bologna e Professora Assistente IV da Faculdade de Letras da UFMG. Contato: mmattos@letras.ufmg.br
2. "O fantástico, ao contrário do que se pode crer, requer mente lúcida, controle da razão sobre a inspiração instintiva ou inconsciente, disciplina estilística; requer que se saiba, ao mesmo tempo, distinguir e mesclar ficção e verdade, brincadeira e sobressalto, fascinação e distanciamento, ou seja, requer que se leia simultaneamente o mundo sob múltiplos níveis e em múltiplas linguagens". (Todas as traduções de excertos em italiano são de minha autoria).

– que tem a ver com a representação de um outro mundo, um mundo antigo e tradicional, em que os elementos extraordinários e sobrenaturais são relacionados a mitos, ritos e crenças transmitidos através dos séculos pelos narradores orais. A memória constrói histórias sobre outras histórias, diversifica, multiplica, subtrai. É o grande arsenal do narrador, de onde ele extrai os elementos da invenção e onde se misturam emoções e elementos cognitivos. Todo escritor possui o seu próprio arsenal. Reviver na memória uma história significa abrir-se à reflexão, à projeção de novos percursos de construção da identidade. Ao rememorar "um tempo que existia", um tempo além do tempo histórico, o conto "maravilhoso" adquire dimensões paradoxais, apresenta imagens fragmentadas as quais nos remetem a um tempo que é também um tempo interior, inconsciente. Nesse sentido, portanto, para Calvino, o conto "maravilhoso" é também a confirmação da função insubstituível da literatura e da sua linguagem única e especial. Com a sua linguagem enigmática, impregnada de símbolos e indícios, de "resíduos" – como diz Walter Benjamin –, o conto "maravilhoso" pode ser considerado um precioso instrumento de representação existencial. Como bem sintetiza Calvino na sua apresentação ao volume *Orlando furioso di Ludovico Ariosto raccontato da Italo Calvino*, os resíduos do passado vivem e se difundem na imaginação popular:

> Todos os atlas históricos da Idade Média reportam um mapa, no qual estão assinaladas, geralmente de roxo, as conquistas do imperador Carlos Magno. (...) Entre as inúmeras guerras que Carlos Magno combateu e venceu contra bávaros, eslavos, bretões e longobardos, as guerras contra os árabes têm, na história do imperador, uma relativa importância; na literatura, ao contrário, estas histórias se multiplicaram e encheram páginas e mais páginas de bibliotecas do mundo todo. Na imaginação dos poetas – e, muito antes, na imaginação popular – os fatos se dispõem em uma perspectiva diferente da perspectiva histórica: a perspectiva do mito. (Calvino, 1995, p. 9-10)

De fato, as lendas, os mitos, a religião sempre tiveram um papel importantíssimo para a arte narrativa, já que espelham costumes e crenças dos povos e, portanto, confirmam a importância da tradição como matéria arquetípica, ou seja, como base de toda a narrativa literária, não só pelo seu valor intrínseco de narração, mas também pelo seu valor em transmitir, de geração em geração, por escrito ou oralmente, elementos de cultura. As *fábulas* são, portanto, uma rica fonte de transmissão do repertório folclórico das civilizações. Através dos séculos, de país em país, podem mudar os temas das histórias, as suas condições e os seus objetivos, mas, universalmente, a *fábula* responde às mesmas fundamentais necessidades sociais e individuais, criando uma estreita conexão entre as tradições. Evidentemente o conto "maravilhoso", do *Era uma vez...* inicial às suas várias formas de conclusão, não admite ser situado em um tempo e em um espaço definidos. Mas não devemos esquecer que as *fábulas* nos remetem – por sua própria natureza – ao passado; e a curiosidade pelo passado sempre garantiu, em todas as partes do mundo, um público interessado em histórias do tempo antigo. O narrador desta matéria tradicional deposita toda a sua ambição no saber transmitir bem o que recebeu de outros narradores: o que ele deseja passar ao público é que a sua história possui o selo da *auctoritas*, ou seja, que ele a extraiu do repertório de um grande narrador ou a ouviu dos lábios de um ancião de tempos distantes. É o que constata Walter Ong no seu interessante livro *Oralidade e escritura:* "O conhecimento é precioso e é difícil alcançá-lo. Portanto, a sociedade tem em alta consideração os velhos sábios que se especializaram em conservá-lo, que conhecem e podem contar as histórias dos dias passados" (Ong, 1986, p. 70). Também para Todorov,

> existe uma coincidência curiosa entre os cultores do sobrenatural e os autores que, em suas obras, dedicam-se prioritariamente ao desenvolvimento da ação, ou seja, que procuram, antes de tudo, contar histórias. As histórias de fantasia, o conto "maravilhoso" nos apresentam a forma primária e também a mais estável de narrar. Ora, é justamente neste tipo de narrativa que se encontram acontecimentos sobrenaturais. A *Odisseia*, o *Decameron*, *Don Quixote* possuem todos, mesmo que em graus diferentes, elementos maravilhosos e são, juntos, as grandes histórias do passado. (Todorov, 2007, p. 166)

Ora, entre os tantos modelos literários em que se inspirou Italo Calvino, a *fiaba* – que na sua concepção é essencialmente o arquétipo das narrativas de aventura, ou seja, é o modelo de narrativa fundada sobre a predileção funcional do material narrativo na perspectiva do desenvolvimento da ação – ocupa, indubitavelmente, um lugar de destaque.

Escritor versátil e plural, Calvino apontou, sim, suas flechas literárias em diversas direções. Mas quem já tenha amadurecido uma certa destreza com a sua obra, ao invés de encontrar uma mudança temática, é propenso a notar um traço comum em cada uma das suas experiências literárias e uma significativa recorrência de temas e imagens, que interligam narrativas diferentes. A narrativa calviniana, que parte de uma lúcida e seletiva recuperação das raízes históricas das narrativas de aventura – a *fiaba*, o romance de cavalaria, a epopeia cômica, o picaresco –, confere, sim, às ações e aos acontecimentos narrados um forte valor simbólico, mas os filtra através da racionalização lúcida. Esta será sempre uma espécie de tendência dominante em toda a obra de Calvino, o fio condutor será sempre a tendência à transfiguração fantástica e aventurosa da realidade. Como criador, Calvino sente a necessidade de alternar a imaginação realista com a imaginação mítica, ou seja, na sua prosa, realidade e fantasia são dois momentos incindíveis e dialeticamente complementares. Consequentemente, apesar da aparente diversidade, nós, os leitores, devemos ler contemporaneamente os dois registros na diversificada prosa do escritor. Afinal, o próprio Calvino, já no prefácio ao seu primeiro romance, *Il sentiero dei nidi di ragno*, declara: "como é fácil, falando de literatura, mesmo no meio do discurso mais sério, mais fundamentado em fatos, começar inadvertidamente a contar uma história" (Calvino, 1987, p. 10).[3]

Efetivamente, o estilo do Calvino ensaísta tem muito em comum com o estilo do Calvino escritor de ficção. Os seus ensaios possuem um tão alto grau de narratividade, um caráter tão fortemente "literário" e uma tão significativa recorrência de temas e imagens, que interligam narrativas diferentes a ponto de neutralizar as distinções entre *fiction* e *non-fiction*, como bem pontua Mario Barenghi. Pode-se ainda dizer que esta estreita relação entre *fiction* e *non-fiction* traduz também a vocação do autor para um estilo narrativo rápido, resoluto e fluido, mas, sobretudo, traduz a sua imperiosa vocação analítica. A predileção por um estilo narrativo enxuto e rápido, direta ou indiretamente, é abordada por Calvino em muitos dos seus escritos.

Sem dúvida, o exemplo mais interessante é o discurso de Calvino ao apresentar aos leitores a mais metaliterária entre as suas experiências narrativas, o romance *Se una notte d'inverno un viaggiatore*:

> Você está começando a ler o novo romance *Se una notte d'inverno un viaggiatore* de Italo Calvino (...). Está pronto para atacar as primeiras linhas da primeira página e está se preparando para reconhecer o inconfundível estilo do autor.

---

3. Em português, *A trilha dos ninhos de aranha*. Obra traduzida por mim na dissertação de Mestrado (USP), intitulada: *"A trilha dos ninhos de aranha" de Italo Calvino: tradução e comentários*.

Não. Você absolutamente não o reconhece. Mas, pensando bem, quem disse que este autor tem um estilo inconfundível? Ao contrário. Sabe-se que é um autor que muda muito, de um livro a outro. Mas é exatamente nesta mudança de tom que se reconhece que é ele. (Calvino, 1994, p. 3-10)

Em outro trecho do romance, Calvino dá a palavra à sua Leitora, Ludmilla:

O romance que eu mais gostaria de ler neste momento, explica Ludmilla, deveria ter como força motriz só a vontade de narrar, de acumular histórias sobre histórias, sem pretender impor a você uma visão de mundo, mas só de fazer você assistir ao seu próprio crescimento, como uma planta, como um emaranhado de folhas... (Calvino, 1994, p. 106)

Ramos e folhas (ou o bosque, a floresta) são lugares e *topoi* do imaginário calviniano. A imagem do bosque percorre toda a sua obra e está intrinsecamente ligada à dimensão do imaginário, da aventura. São as florestas onde se perdem os heróis das fábulas, são as selvas do poeta renascentista Ludovico Ariosto – um dos preferidos de Italo Calvino – e são também o cenário das empresas de Carlos Magno. O escritor quer que a sua narrativa contenha em si esta matriz de tipo "oral" e, de fato, todas as vezes que Calvino começa a escrever um texto, seja ele ficcional ou teórico, ao leitor já é possível identificar ali, premente, a proverbial frase estilística de abertura das fábulas: *era uma vez...* Trata-se do *timbre* inconfundível da prosa calviniana.

Esta sua natural inclinação para "contar histórias" e, portanto, para ser o continuador da melhor tradição literária italiana, que vai de Boccaccio a Ariosto (ou seja, para ser uma espécie de "Grimm italiano" ou de "Sheherazade" da literatura italiana contemporânea), culminou, em 1954, no convite da Editora Einaudi – onde o escritor atuava também como consultor editorial – a preparar uma edição de contos extraídos da tradição popular, um *corpus* orgânico nos moldes dos grandes livros de contos populares estrangeiros. Era necessário coletar, organizar e transcrever – dos vários dialetos italianos – 100 anos de história da narrativa oral italiana. A pesquisa, seleção e organização do material mergulhou Calvino por dois anos no mundo "maravilhoso" e provocou no escritor a inquietante dúvida se "conseguiria recolocar os pés na terra, depois de ter vivido por dois anos em meio a bosques e palácios encantados", como declara textualmente na importante introdução que acompanha a obra. Como continua ainda a declarar nesta *Introduzione*, o trabalho de transcrição e compilação dos 200 contos (*fiabe*) - que compõem o livro - foi na verdade uma *viagem entre as fábulas* e não uma alucinação ou uma espécie de furor profissional; foi a confirmação definitiva de algo que o escritor já sabia desde o início: a confirmação da única convicção que o tinha levado a enveredar por aquele caminho, ou seja, a de que *as fábulas são reais*. Esta introdução, portanto, não se trata de uma simples introdução, mas de uma declaração de poética. Junto com a leitura dialética das *fiabe*, constitui um essencial instrumento de reflexões e análises sobre o gênero *fiabesco* (fabulesco, fabular), a ponto de não se poder imaginar hoje a compreensão de tantas questões importantes para os estudos literários (ligados ao conceito de tradição ou às relações entre as formas de oralidade e escritura, mas não só) sem conhecer quanto posto por Calvino nessa introdução/ensaio. Com a sua proverbial frase *le fiabe sono vere*, Italo Calvino reafirma a sua concepção da literatura como um eterno espelhamento da condição humana e a total autonomia da literatura em relação ao ambiente histórico em que ela nasce, onde se reconciliam invenção e lógica (Calvino, 1991, p. XVII-XVIII).

Esse timbre, essa estreita relação estabelecida por Italo Calvino entre *fiction* e *não-fiction* ou entre ficção e realidade, é o que prevalece nos seus escritos, mesmo naqueles mais complexos. O que prevalece é a narração, ou seja, a antiga arte de narrar. Calvino "diz" as frases mais usuais, coloquiais, familiares com um timbre inconfundível – exatamente o timbre de quem conta uma história – mesmo quando o argumento é científico. Esse timbre está presente em todas as suas prosas, ficcionais ou teóricas. Todas as vezes que começa a escrever uma narrativa, da mais fantástica à mais realista, temos a impressão de ouvir a proverbial cláusula de abertura *Era uma vez...*: parece a voz de um homem, que, em tempos remotíssimos, ao redor do fogo, narrava aos parentes reunidos o que tinha visto, o que tinha vivido. É a voz anônima da "tribo", que vem dos meandros da memória coletiva.

Por exemplo, nas suas *Seis propostas para o próximo milênio*, à parte a complexidade dos conceitos tratados, Calvino tende, ao longo de todo o livro, a entrelaçar as teorias a fascinantes referências mitológicas ou fantásticas. Consequentemente, lendo as *Propostas*, identificamos sempre o seu timbre e temos a impressão de ler ou ouvir histórias. Até porque a estrutura do livro é simples e comunicativa. Além disso, não podemos perder de vista que se tratava de lições orais, de *Lezioni americane*, para serem lidas diante do público da Universidade de Harvard. Portanto, ao preparar o texto,

Calvino, sem dúvida, procurou manter a exposição de suas ideias em um alto grau de oralidade.

Para concluir esta reflexão sobre as intrínsecas relações entre fantasia e realidade na obra de Italo Calvino, gostaria de citar um cientista conhecido de todos nós:

> Um dia, aproximou-se do famoso físico Albert Einstein uma mulher com a fisionomia claramente preocupada, que lhe pedia conselhos sobre como educar o filho, a fim de transformá-lo em um cientista de sucesso. Queria saber, especificamente, que tipo de livros ler para o filho. –"Fábulas", respondeu Einstein sem pestanejar. –"Está bem, mas o que mais devo ler para ele, depois das fábulas?", perguntou a mãe. –"Outras fábulas", disse Einstein. –"E depois?" –"Mais fábulas", replicou o grande cientista, agitando no ar o bastão, como um mago que declara alegremente concluída uma grande aventura.

Referências bibliográficas

CALVINO, I. *Il sentiero dei nidi di ragno*. Milano: Garzanti, 1987, p. 10.

CALVINO, I. Introduzione a *Fiabe italiane*. Torino: Einaudi, 1991, vol.1, p. XVII-XVIII.

CALVINO, I. *Se una notte d'inverno un viaggiatore*. Milano: Mondadori, 1994.

CALVINO, I. *Orlando furioso di Ludovico Ariosto raccontato da Italo Calvino*. Milano: Mondadori, 1995.

CALVINO, I. Il fantastico nella letteratura italiana. In: *Mondo scritto e mondo non scritto*, Milano: Mondadori, 2002.

ONG, W. *Oralità e scrittura*. Bologna: Il Mulino, 1986.

TODOROV, T. *La letteratura fantastica*. Milano: Garzanti, 2007.

CALVINO & O CONTEMPORÂNEO

MODOS DE LER OS CLÁSSICOS NA MODERNIDADE:
a propósito de Borges, Calvino e a temporalização literária do romantismo teórico

Davidson de Oliveira Diniz[1]

> *O indivíduo interessa apenas. Por isso tudo o que é clássico não é individual.*
> Pólen. Fragmentos. Diálogos. Monólogo, **Novalis**

> *Talvez seja preciso ser arquimoderno para ter um ponto de vista transcendental sobre a antiguidade.*
> O dialeto dos fragmentos, **Schlegel**

> *A Modernidade [Modernité] é o transitório, o efêmero, o contingente, é a metade da arte, sendo a outra metade o eterno, e o imutável. (...) Em poucas palavras, para que toda Modernidade seja digna de tornar-se Antiguidade, é necessário que dela se extraia a beleza misteriosa que a vida humana involuntariamente lhe confere.*
> Sobre a modernidade, **Baudelaire**

A modernidade, os clássicos e a temporalização literária dos românticos teóricos

Entre as possíveis categorizações da modernidade há uma mais tardia que a define propriamente como a época que não busca mais em outras épocas valores ou critérios para a sua autolegitimação no tempo presente. Primeiramente, o vocábulo *modernus* correspondeu ao sentido de limite de

---

[1]. Doutor em Teoria da Literatura e Literatura Comparada pela Faculdade de Letras da UFMG e professor substituto de Literaturas hispano-americanas da UFRJ. Contato: davis.diniz@gmail.com

atualidade, i.e., à consciência histórica da passagem do antigo para o novo. Secundariamente, *modernitas* designou um tempo intermediário capaz de delimitar a transição da temporalidade cristã da *media aetas* para os inícios do renascimento humanista, configurando-se, então, a separação entre o mundo antigo e o tempo presente. E, finalmente, a *modernité*, ideia de um presente inacabado e de uma época em clara oposição a si mesma (Jauss, 1996, p. 51-56-58-76).

Retomando a última dessas acepções, Reinhart Koselleck (1993, p. 324-351) sugere uma leitura da modernidade enquanto *novo tempo* (ou *tempo moderno*), levando em consideração o deslocamento do horizonte de expectativa em relação ao espaço de experiência decorrido no processo histórico. A diferença entre *experiência* e *expectativa*,[2] segundo o historiador alemão, tende a ser cada vez maior na modernidade. Teria isso implicado em um ganho de consciência em torno da oposição entre determinado presente e épocas passadas, demarcando-se, gradualmente, a perspectiva de um futuro aberto: movimento rumo ao *progresso*, à aceleração dos acontecimentos históricos. É esse processo que Koselleck chama de *temporalização*. O termo designa um período profundamente marcado pela cronologia ascendente e de contínua dinamização da estrutura temporal. A secularização dos eventos históricos bem como a recusa das tradições passam a delinear não apenas uma nova época, mas, principalmente, uma temporalidade completamente distinta em relação às anteriores. Trata-se de uma concepção moderna do tempo histórico como dinamização, o encurtamento das dimensões interpostas entre campo de experiência e horizonte de expectativa. Será formulada, nesse sentido, a ideia de um presente

---

2. Koselleck (1993, p. 336-338-341) designa a *experiência* como um "pasado presente" cujos acontecimentos foram incorporados a partir de determinado contexto e podem ser retomados ao longo do processo histórico. Fundem-se na *experiência* tanto a elaboração racional quanto os modos inconscientes de comportamento que não devem, ou não deveriam, estar presentes no campo dos saberes. E a *expectativa*, por sua vez, descreve aquilo que, apesar de ser impessoal, se liga às pessoas na medida em que se experiencia a vida prática em comunidade. A *expectativa* se efetiva na perspectiva do hoje; é um futuro feito presente e aponta para o "ainda-não", para o não experimentado, enfim, para aquilo que só se poderá descobrir no tempo. Tais categorias, entretanto, não devem ser operadas separadamente. Assim como não há expectativa sem experiência, também não há experiência sem expectativa. Nesse sentido, o entrecruzamento delas constitui um esboço para a dimensão meta-histórica da condição de histórias possíveis, i.e., contingenciais. Daí não existir um enrijecimento entre as referidas categorias. Koselleck compreende a relação de ambas as instâncias apenas como uma fórmula subjetiva para a situação objetiva capaz de assimilar as impossibilidades de o futuro histórico derivar por completo do passado histórico.

inacabado, pois tal presente passaria a ser impreterivelmente considerado um instante transitório, concebido de modo que a *experiência*, quer dizer, um passado ainda imediato, atual, esteja preparado para a irrupção de um futuro iminente.

Em meio a esse processo histórico emergirá uma incipiente reconfiguração da noção de clássico com que os românticos teóricos passam a operar. A partir dos escritos publicados na revista *Athenaeum* (1798-1800), os irmãos Schlegel (Friedrich mais notavelmente que August)[3] e o jovem Novalis fizeram do fragmento romântico a prática de um gênero literário eminentemente moderno, buscando, com isso, uma teoria estética do objeto literário. Passam a empregar o termo romântico em detrimento do classicismo que prefigura a modernidade. E, com isso, pretendem não só superar a sincronia de uma época sem espessura histórica, mas, fundamentalmente, alcançar a diacronia e, com ela, estabelecer uma crítica da história literária. Essa inflexão permitiu ao romantismo teórico o revisionismo de certos valores estéticos do passado clássico então caracterizado pela dissolução temporal ao retornar no presente. A contrapartida romântica, quanto a isso, será a assimilação da passagem de uma época a outra mediante caminho anteriormente aberto por Winckelmann,[4] historiador da arte que fundamentará o classicismo alemão sob a percepção de dois quadros históricos precisos, a oposição entre perspectiva estética dos antigos e dos modernos. É nesse sentido que devemos ler o que diz August W. Schlegel ao longo de seus cursos sobre literatura e arte:

> Entre os antigos encontramos apenas esforços fragmentários, preliminares. Eles sequer se colocaram de um modo apropriado o problema de uma doutrina da arte filosófica e muito menos o solucionaram.

---

3. Em razão dos limites de paginação deste texto, ignoro as querelas entre os irmãos Schlegel quanto ao prosseguimento da prática do fragmento romântico na fase que sucede os escritos da *Athenaeum*, bem como das críticas de Novalis aos Schlegel quanto à compreensão da Natureza como plano de composição e partilha da poesia artificial. Todas essas questões são discutidas ao longo do capítulo terceiro da minha tese de doutorado, a saber, "O livro segundo o romantismo teórico de Iena". In: *A conceitualidade do livro em literatura. Desmesuras da página em Novalis, Mallarmé e Borges*. Belo Horizonte: UFMG, 2014.
4. Veja-se, nesse sentido, a apresentação de Marco Aurélio Werle (2014) para o livro de August Wilhelm Schlegel. E também o artigo de Pedro Süssekind (2008). Ambos os autores discutem as ambivalências que sobressaem do projeto winckelmanniano no que diz respeito à opção pelo modelo de cultura grega como ideal de beleza determinante no classicismo alemão do final do século XVIII, bem como o helenismo característico do pensamento alemão posterior, sobretudo em Hegel, Wagner e Nietzsche.

(...) Essa deficiência não deve parecer estranha. Deve ter sido justamente mais difícil para o grego chegar a uma teoria filosófica da arte, já que a possuía de um modo tão obrigatório e estava inteiramente sintonizado com ela.
(...) Somente quando em uma época de barbárie morre inteiramente a arte bela, quando o espírito novamente desperta para procurar dar livremente a si uma nova direção, quando é forçado a cultivar artificialmente a arte, por assim dizer, no exterior da vida real, então ele se sentirá impelido para a teoria e, devido à separação já ocorrida entre a vida e a arte, ele será então capaz do instinto e do propósito de fazer progressos nesse campo.
Os antigos possuíam muitos escritos sobre a parte técnica das artes (...). (...) a teoria técnica dos antigos era apenas a quintessência e resumo de sua prática excelente e ela nos é muito mais útil do que os acenos e os fragmentos de uma teoria filosófica. Das observações feitas anteriormente decorre ser inadmissível a dedução que parte da excelência dos modelos [*Urbilder*] da arte grega para estabelecer o valor elevado do que realizaram nessa arte. Contudo, a autoridade dos teóricos antigos teve uma influência tão grande sobre a teoria e a prática dos modernos que eles se tornam, por isso, importantes para nós e não podem ser inteiramente desconsiderados. (Schlegel, 2014, p. 49-50-51)[5]

Com isso, a proposição romântica pretende reacender no presente as chamas literárias de outras épocas. É a antinomia crucial da temporalidade romântica: o entrecruzamento da sincronia com a diacronia. Mas isso não deve ser entendido como uma tentativa de cristalizar, no passado, o projeto do devir romântico. Trata-se da dinamização absoluta do gênero fragmen-

---

5. Vinculo a passagem supracitada do texto de Schlegel à minha opção pela expressão "romantismo teórico" em detrimento da designação topográfica "romantismo de Iena" ou, ainda, da recorrente terminologia "primeiros românticos" (*Frühromantiker*). Nenhuma dessas expressões foi reivindicada em vida nem pelos irmãos Schlegel, nem por Novalis. Sendo todas elas apócrifas, prefiro a nomenclatura "romantismo teórico" sugerida nas pesquisas de Lacoue-Labarthe e Nancy (2012, p. 15-16-17) ao perceberem na tríade à frente da revista *Athenaeum* "o primeiro projeto teórico de literatura" na modernidade. Luis Costa-Lima (veja-se o prefácio escrito para a compilação *Teoria da literatura em suas fontes*, vol. 1) também lembra que a expressão "teoria da literatura" surge na introdução de um curso privado sobre literatura europeia ditado em Paris, em 1803 e 1804, por Fr. Schlegel. Nessa introdução, Fr. Schlegel fala da necessidade de "privilegiar uma visão de conjunto da literatura através da filosofia, i.e., uma teoria da literatura". É essa mesma "visão de conjunto da literatura através da filosofia" o que, acima, A. W. Schlegel propõe como "teoria filosófica da arte", ou seja, uma teoria estética capaz de assimilar o ganho de consciência histórica da modernidade no projeto estético do romantismo. Portanto, a questão teórica se torna algo inseparável da *poiésis* romântica irradiada na composição dos fragmentos de Fr. Schlegel e Novalis.

tário do romantismo teórico, ou seja, a possibilidade de revelá-lo iminente lá em outros tempos, uma vez que é próprio do fragmento romântico estabelecer relações descontínuas e contraditórias. Resumidamente: o horizonte de expectativa da poesia romântica – de índole "universal progressiva" conforme dito no fragmento 116 – é retirado de uma zona originária de causalidade prévia para estender aquilo que vem, incorporando-o. Daí que a ideia de Schlegel está em movimentar tanto a fragmentariedade técnica dos antigos que não puderam colocar devidamente o problema estético de uma "doutrina da arte filosófica" quanto a *poiésis* moderna, romântica, que, para se tornar uma "teoria filosófica da arte", precisa ser, ao mesmo tempo, denegação e teorização, isto é, crítica (e meio de conhecimento) do mundo antigo e meio de conhecimento (e crítica) do mundo moderno.

Nesse sentido, o fragmento romântico – praticado ao mesmo tempo enquanto gênero poético, crítico e teórico – vem a compreender a literatura como um inacabamento essencial, uma narratividade de espessura absoluta. Novalis (2009, p. 103), por exemplo, afirma que o "verdadeiro leitor tem de ser um autor prolongado", espécie de "instância superior, que recebe a causa já preliminarmente elaborada da instância inferior". "Um crítico" – diz por sua vez F. Schlegel (1997, p. 23) – "é uma espécie de leitor que rumina. Por isso, deveria ter dois estômagos". Atribui-se então ao segundo leitor uma eficácia capaz de apurar ainda mais a obra literária em seu decurso temporal, sendo o leitor romântico uma espécie de crítico de estômago ruminante e este, por sua vez, um autor em segunda potência. Formula-se assim uma perspectiva completamente inusitada na virada dos Oitocentos para os Novecentos: a irrupção do conceito de leitor como crítico e, especialmente, da crítica literária como obra. É só a partir daí que irrompe o conceito de crítica literária como exercício do sujeito poético romântico capaz então de arrematar determinada obra de arte ao revelar não apenas a sua técnica, mas a teoria daquela obra mediante uma linguagem a um só tempo crítica e poética. A operação do fragmento romântico (não apenas uma ocorrência contingencial, como na obra dos antigos, e sim uma imanência no plano de composição da obra romântica, haja vista o fragmento 24 da *Athenaeum*) mobiliza algo que estava ausente na obra do passado, atualizando-a, por fim, através do conceito de crítica estética dos românticos teóricos.[6]

---

6. Cabe lembrar que os românticos teóricos fundam o conceito moderno de crítica de arte. Antes deles, o que existia era algo próximo à noção de *Kunstrichter*, o "juiz de arte", cujo exemplo maior se encontra na obra de Lessing. Os românticos, portanto, dão vazão a um

Foi dessa maneira que o constructo artístico do primeiro romantismo, entre outras coisas, tornou-se uma reflexão sobre as possibilidades do clássico na atmosfera da modernidade (*Cf.* Lacoue-Labarthe; Nancy, 2012, p. 32). Inicia-se, naquele momento, a compreensão do evento clássico não mais como algo intrínseco à obra artística, mas, em contrapartida, como o juízo de valor atribuído à obra a partir da produção de determinado contexto de recepção e conhecimento do acontecimento estético. Portanto, a ideia de clássico trazida pelos românticos passaria a ser um devir (e não mais uma causalidade) da modernidade assentada sob a especificidade do tempo histórico que a define enquanto época, assim deixando de ser o clássico uma condição do passado a ser incolumemente resgatada no limiar dos tempos. A negatividade romântica da noção de clássico, dessa maneira, habilitou uma zona de partilha entre o tempo-presente e o tempo-passado, criando, por fim, um horizonte de expectativa aberto ao porvir das obras literárias.

A hipótese que gostaria de anotar a seguir consiste em discutir como Borges e Calvino viriam a ser dois *precursores*[7] da perspectiva de leitura dos clássicos na modernidade trazida pelos românticos teóricos. Com isso, espera-se discutir a conceituação moderna do clássico enquanto composição de uma paradoxal hermenêutica, a ser apreendida através da questão que agora se coloca: como ler a tradição literária, os textos clássicos no seio de uma época cujo ganho de consciência histórica problematiza a produção e a ressignificação do passado pela perspectiva de uma temporalidade do presente que se requer, ao mesmo tempo, autônoma e transitória? E mais: como produzir – a partir desse paroxismo – clássicos modernos?

Quais proposições subjazem às dicções de leitura dos clássicos tanto no escritor argentino quanto no italiano? O que poderia aproximá-los ou

---

incomum tipo de crítica, a crítica estética como *Reflexionsmedium*, ou seja, o conhecimento do objeto estético produzido enquanto meio de reflexão a ser constituído pela crítica de arte vislumbrada pelos românticos, basicamente a crítica literária. Por tudo isso, Walter Benjamin (1986, p. 87-90) sugere que a crítica estética dos românticos teóricos, na medida em que é crítica e também o conhecimento da obra de arte, torna-se autoconhecimento da própria obra; e na medida em que ela avalia a obra de arte, a própria obra se avalia com a crítica, ultrapassando, desse modo, os limites da observação e do mero juízo estético.

7. Imprimo aqui o sentido antigenealógico que Borges deu à palavra. Trata-se, nesse caso, da abertura de uma perspectiva a contrapelo da estrutura holística consolidada em "Tradição e talento individual", ensaio de T. S. Eliot. Com isso, Borges (2010b, p. 109) propõe que cada escritor *cria* seus precursores, assim modificando deliberadamente nossa concepção do passado, bem como interferindo no futuro a partir de um inesperado arranjo do presente em relação ao horizonte de recepção literária.

dissociá-los quanto a essas práticas de leitura e suas justificações literárias? Em 1960 Borges acresce à reedição do livro *Otras Inquisiciones* (1952) o ensaio "Sobre os clássicos". Em 1981 Calvino escreve "Por que ler os clássicos", texto que introduz a série de ensaios do livro homônimo. Aborda-se, no primeiro caso, a questão de uma temporalização da leitura moderna dos clássicos, i.e., um modo de ler não *no* tempo histórico (parcialmente consciente) senão *com* o próprio tempo histórico da época. O segundo texto, por sua vez, propõe a legitimação do tópos da leitura dos textos clássicos na pauta da modernidade. É a esse cotejo que passarei agora.

Calvino e seus clássicos

Calvino arrola uma soma de dezessete teses a propósito dos clássicos. O conjunto dessas teses tem pelo menos três grandes motivos. Passo a demarcá-los conforme a minha leitura. Em primeiro lugar, define-se por clássico um texto de *valor inessencial*, algo que vem do contexto da leitura da obra e não exatamente da obra em si. É nesse sentido que Calvino não estabelece distinção entre leitura e releitura. Os clássicos sustentam leituras e releituras múltiplas, seja qual for a fase da vida de um indivíduo ou o momento histórico de uma coletividade, desse modo fornecendo parâmetros para a impessoalidade literária. Um livro clássico é lido sempre como algo em processo, e não como conclusão – assim nas teses 1, 2, 3, 4 e 5. Dessa maneira, um texto clássico constituiria uma influência *sem* angústias.[8]

---

8. Harold Bloom (1973, p. 41), de certo modo emulando a noção borgeana de *precursores*, propõe que a poesia ocidental, desde o Renascimento, não é senão "uma história de angústias" e "caricaturas autoprotetoras", ou seja, de um voluntarioso revisionismo literário e prática de leituras errôneas do poeta anterior pelo poeta posterior, assim dinamizando uma dialética criadora que é, segundo o crítico estadunidense, uma "má interpretação" sem a qual a literatura não existiria. Sobre o sentido distinto de tradição poética moderna em língua inglesa e língua espanhola, sugiro a leitura do capítulo "Verso y prosa", de Octavio Paz, presente no livro *El arco y la lira* (1956). Para o caso da língua inglesa, Paz aponta para a "nostalgia de um classicismo" analisando os casos de Eliot (cujo modelo seria Dante) e Pound (que busca sempre nos modelos luminosos da poesia chinesa e da tradição helenista). Para o caso de Bloom, caberia acrescentar, o objeto de perda a ser lamentado na tradição ocidental é o modelo shakespeariano. A tradição poética moderna em língua inglesa deseja um "dizer completo" – daí a ansiedade e a angústia de que fala Bloom, a noção de uma sucessão linear e genealógica. No caso da tradição poética moderna, em língua espanhola, há uma pujante vontade de querer dizer, mas não um dizer completo – de onde não haveria angústia, não uma sucessão em linearidade, mas

Em Calvino (1993, p. 11) a ausência da angústia literária sob o peso da influência dos clássicos se dá em razão de o escritor italiano assimilá-los como imprescindíveis (tese 3) tanto na rememoração deliberada quanto nas dobras ocultas da memória, daí "mimetizando-se como inconsciente coletivo ou individual".

O segundo grande motivo que rege a definição de clássicos em Calvino cabe ser assimilado pela noção de *temporalização*, ou seja, a maneira como as obras clássicas são acrescidas de algo ao longo do tempo, assim carregando consigo marcas culturais que precederam o tempo presente da leitura – teses 7, 8, 9, 10, 11, 12, 13 e 14. Mas esse processo de temporalização dos textos clássicos, algo capaz de revelar os traços precedentes a um dado sistema literário, não determina a leitura nem tampouco assegura a vigência do enunciado discursivo de textos que nos chegam de outras épocas. É aí, portanto, que Calvino antevê as possibilidades do clássico na modernidade através da leitura. A leitura dos clássicos na modernidade (teses 7, 11, 12) deve oferecer alguma surpresa em relação à imagem que deles tínhamos. Com isso, supera-se a questão da *origem*, daí passando à *emergência* histórica dos clássicos. Quer dizer, uma obra clássica não determina a subjetividade da leitura na atualidade – é antes a leitura, uma leitura cuja prática é a atualização, o que vem a dar a medida da universalidade de um clássico, assim condicionando a extensão cultural de determinado texto sobre um dado contexto de recepção literária. Uma obra clássica, isso é dito por Calvino na tese 13, pode reduzir a questão da atualidade a simples "barulho de fundo". Mas essa mesma obra, ainda conforme a tese 13, jamais poderá prescindir do rumor do tempo em sua temporalização, uma vez que o ganho de consciência temporal de uma determinada época histórica só é assimilado na medida em que a obra clássica é lida pela perspectiva da atualidade.

Por fim, o terceiro grande motivo é algo capaz de dar remate à reconfiguração da conceituação do clássico no ensaio de Calvino. É por meio dele que se constitui uma topologia da temporalização com que se leem os clássicos na modernidade. Transcrevo:

> Para poder ler os clássicos, temos de definir "de onde" eles estão sendo lidos, caso contrário tanto um livro quanto o leitor se perdem numa nuvem atemporal. Assim, o rendimento máximo da leitura dos clássicos advém para

---

uma *conjunção* de espaços e temporalidades poéticos antigenealógicos. É aí onde aparece Borges; é também aí onde aparecerá Calvino.

aquele que sabe alterná-la com a leitura de atualidades numa sábia dosagem. E isso não presume necessariamente uma equilibrada calma interior: pode ser também o fruto de um nervosismo impaciente, de uma insatisfação trepidante. (Calvino, 1993, p. 14-15)

Calvino (1993, p. 16) passa daí ao encerramento da introdução a seus clássicos, lembrando-nos que a sua apologia à leitura daqueles textos nada vislumbra de um utilitarismo: "A única razão que se pode apresentar é que ler os clássicos é melhor do que não ler os clássicos". A obra clássica deixa de ser lida como monumento textual antológico, essencial. Por tudo isso, o seu antigo valor supra-histórico, inato, que a autolegitimava incondicionalmente, é suplantando, dando lugar a um plano de recomposição da rentabilidade discursiva do texto clássico caído no tempo, temporalizado, retornando então para mensurar o ganho de consciência histórica da leitura à sombra do que é característico do tempo moderno.

Sobre os clássicos de Borges

Tanto quanto me é dado a ler, a reformulação do conceito de clássico que acabamos de ver em Calvino entra em contato deliberado com a obra de Borges, escritor, aliás, inserido no repertório a que nos introduz o texto "Por que ler os clássicos". Repito que não quero dar carne à fantasmagoria das influências e suas angústias. Prefiro, antes, a ideia borgeana nada pré-identitária dos *precursores*, pois só aí escaparemos da atividade melancólica que lamenta a perda de algo que nunca possuímos em contexto latino-americano, uma tradição clássica. Em suma: ler em Calvino a revelação daquilo que emergira com Borges, autor cuja definição de clássico, veremos, é algo tributário de Paul Valéry; e, finalmente, vinculá-los criticamente à incipiente releitura dos clássicos na modernidade aparecida com os românticos teóricos. Que disso não se espera uma genealogia. Muito pelo contrário, encontraremos o traço de uma condição da releitura característica de nossa modernidade literária, sendo essa condição heterogênea, irregular e despersonificada.

Em 10 de junho de 1938 Borges (2007a, p. 453-455) resenha a *Introduction à la Poétique*, livro publicado naquele mesmo ano e que traz o discurso inaugural pronunciado por Valéry no *Collège de France*. O escritor argentino recupera dali a ideia de uma história da literatura como uma instância de impessoalidade da literatura, quer dizer, a literatura não como a catalogação dos autores e de suas biografias, senão a "história do Espírito" como "produtor e consumidor da literatura". Borges estimou a proposição valéryana uma vez que ela viabiliza conceber a literatura como *ato*, acontecimento de algo potencial, pressupondo-se, nesse caso, a leitura e leitores como elemento de fermentação da massa literária.[9]

Quando em 1960 o ensaio "Sobre os clássicos" é acrescido ao livro *Outras inquisições*, Borges sistematiza a assimilação da composição literária não como essência, e sim como um *ato*, uma atualização de intensidades. A literatura, particularmente em sua espessura clássica, é assim entendida como possibilidade de ação através da letra, como mutação textual no tempo, em vez de ser entendida como algo necessário. É desse modo que o leitor borgeano, na qualidade de receptor e produtor do objeto literário, passa a ser considerado como um indivíduo apto às investidas contra o implacável decurso temporal aberto a despeito do monumento literário estabelecido pela obra clássica.

A definição borgeana de clássico designa, nesse sentido, uma sorte de textos que uma nação ou um grupo de nações ou mesmo o tempo imensurável decidiram ler como se em suas páginas tudo fosse deliberado, fatal ou mesmo cosmogenético. Mas não é exatamente essa a principal inflexão da leitura borgeana sobre os clássicos. A perspectiva do conceito de clássico é alterada pelo escritor argentino na medida em que ele desvia tal categoria de onde ela sempre nos chegou, a saber, a noção de origem organizada ou,

---

9. Mais tarde, Borges (2010a, p. 20) volta a desenvolver a ideia, porém remetendo Valéry e sua proposta de uma história do Espírito como produtor e consumidor do objeto literário ao que já havia dito Emerson e Shelley. No texto de Valéry (1938, p. 8-40) consta o que segue: "Une Histoire approfondie de la Littératue devrait donc être comprise, no tant comme une histoire des auteurs et des accidents de leur carrière ou de celle de leurs ouvrages, que comme une *Histoire de l'esprit en tant qu'il produit ou consomme de la 'littérature'*, et cette histoire pourrait même se faire sans que le nom d'un écrivain y fut prononcé. On peut étudier la forme poétique du Livre de Job ou celle du Cantique des Cantiques, sans la moidre intervention de la biographie de leurs auteurs, qui son tout à frait inconnus. (...) Tout ce que j'ai dit jusqu'ici se resserre en ces quelques mots: *l'oeuvre de l'esprit n'existe qu'en acte*". E traduzo (com os grifos do original): "Uma história profunda da Literatura deveria ser assim compreendida não como uma história dos autores e dos acidentes de suas carreiras ou a história de suas obras, mas como uma *história do espírito enquanto produtor ou consumidor da 'literatura'*, e essa história poderia ser feita sem que sequer o nome de um escritor fosse mencionado. Nós podemos estudar a forma poética do 'Livro de Jó' ou do 'Cântico dos Cânticos' sem a mínima intervenção da biografia de seus autores, que são inteiramente desconhecidos. (...) Tudo o que eu disse até aqui cabe nestas poucas palavras: *a obra do espírito só existe como ato*".

se preferirmos, de sentido de origem, o *exemplum* que surge e atravessa o tempo sem variações. Por clássico Borges passa a designar um tipo de texto cuja ordem é perdurar no tempo, mas não por qualidades próprias e inalienáveis ao texto. De sorte que a literatura aparece também indeterminada; um crescente cumulativo de valores na marcha implacável das releituras. O objeto literário deixa de ser uma essência para ser ali assimilado em razão das atribuições das épocas históricas e das tendências literárias, enfim, de transferências delegadas através do fluxo histórico. Daí que, para o escritor argentino, a ideia de texto definitivo a nada mais corresponde senão à religião ou ao cansaço (*Cf.* Borges, 2007b, p. 180). Ao longo de sua obra dirá Borges recorrentemente que os leitores enriquecem o livro, a literatura.

Isso nos explica como se levanta e se sustenta, na obra borgeana, toda uma concepção de leitor e uma teoria da releitura, bem como a sua particular definição de acontecimento estético. Antes, sabíamos que um texto clássico *era* algo. E assim nos perguntávamos: *o que é um clássico?* Dos românticos teóricos por diante, passamos a entender que uma obra clássica *veio a ser* e não mais *é*, pois, como nunca antes acontecera, terá de se tornar outra vez clássica na crítica de arte romântica. Com a definição borgeana – uma definição capaz de perceber o conceito de literatura da modernidade a partir da apreensão precisa de duas intensidades históricas que se repeliam mutuamente – muda-se outra vez a condição da inquisição do clássico na modernidade: se (eis o que alcança a perspectiva do romantismo teórico) a obra *não é*, mas *veio a ser* clássica, por que e sob quais condições uma obra deveio clássica no tempo? É essa última questão, segundo entendo, o que faz Borges discorrer sobre os clássicos:

> O que é, agora, um livro clássico? (...) As emoções que a literatura suscita são talvez eternas, mas os meios devem constantemente variar, ainda que de um modo levíssimo, para não perder a sua virtude. Desgastam-se na medida em que os reconhece o leitor. Daí o perigo de afirmar que existem obras clássicas e que o serão para sempre. (...) Cada um descrê de sua arte e de seus artifícios. (...) Clássico não é um livro (repito) que necessariamente possui esses ou aqueles méritos; é um livro que as gerações dos homens, urgidas por diversas razões, lê com prévio fervor e com uma misteriosa lealdade. (Borges, 2010c, p. 182-183-184)

Considerações finais

É de se notar que a partir de Borges e da retomada de Calvino o conceito de clássico foi operado de modo a constituir um definitivo ganho de consciência topográfica e temporal das leituras, assimilando, através delas, não só o passado senão o próprio presente em dilatação. Em outras palavras: a pergunta pela origem e pelas hierarquizações pré-identitárias acerca dos clássicos é deslocada em razão das desierarquizações e da decomposição das identidades prévias, assim considerando conscientemente o processo de emergência histórica dos textos em vez de dar-lhes legitimação seja pela atemporalidade ou pelo desterro do objeto literário em relação a seu campo de produção simbólica. Dessa maneira, a obra clássica torna-se um acontecimento fatalmente contingencial.

Com os primeiros românticos, o *valor clássico* de uma obra passou a residir em algo que não mais está nela objetiva e formalmente, e sim na subjetividade do autor. Mas ainda ali há uma determinante autoritária no que respeita à irrupção do clássico na modernidade: a figura romântica do gênio original. Nesse caso, a obra se valida na medida em que exprime tal subjetividade autoral exemplificando a força demiúrgica do artista romântico (*Cf.* Rosenfeld; Guinsburg, 2002, p. 267-268). Os românticos teóricos puseram em xeque a estética classicista e assim realocaram o ato de criação sobre o sujeito poético em detrimento da noção de obra em si tal como ocorrera ao longo da vida póstuma que a antiguidade greco-latina recobraria às vésperas da modernidade. Apesar de não se sacrificar a produção crítica do presente, a canonização romântica esbarra na aporia do gênio individual como produção do sujeito poético do absoluto literário. É essa crítica o que pressente Novalis (2009, p. 67) ao formular que "O indivíduo interessa apenas. Por isso tudo o que é clássico não é individual".

A contrapartida do dilema romântico em torno da canonização da literatura desponta só mais tarde com Borges e Calvino. Eles propuseram uma conceitualidade do clássico capaz de suplantar, ao mesmo tempo, a objetividade expressiva da obra, como era no imperativo estético do classicismo, e a subjetividade universal do inacabamento fragmentário da obra romântica. Elabora-se, com isso, uma perspectiva deliberadamente oblíqua que, no caso do escritor argentino, aparece fundamentada pela releitura e, no caso do escritor italiano, pela leitura (não havendo para este último distinção entre leitura e releitura como há para aquele). Quer dizer então que a *poiésis* da obra clássica na modernidade, em seu processo de temporalização, não é mais exatamente um valor próprio da escrita, da forma literária por si, e sim algo a ser parcialmente ressignificado através dos modos de ler e de receber a obra clássica. São os leitores, agentes conscientes das leituras e das releituras, que passam a determinar a condição moderna do texto clássico, uma vez que este entra definitivamente no tempo histórico característico da época. Enfim, a obra clássica – tanto para Borges como para Calvino – deve ser o resultado de uma multiplicidade de leituras, de um corpo coletivo e impessoal capaz de despersonificar completamente a produção do objeto literário.

Curva-se, assim, a transcendência de uma legitimação da escrita que *é* porque *é*, tautológica e cuja identidade é dada previamente, para se alcançar um plano de releitura que não cerceia o ser selvagem da linguagem, puro trânsito e abertura aos giros das novas tendências, construindo clássicos que também construam novos leitores da tradição, assim também produzindo novas possibilidades de ocorrência estética dos textos passíveis de tal valoração, arrancando-os da imobilidade do passado ao colocá-los em choque com a atualidade do presente em direção a algo que ainda não foi completamente lido. Por isso a importância do ato de ler e reler e, especialmente, da iniciativa de comunicar publicamente as releituras subjacentes a uma escrita cuja sintaxe se pretende clássica no seio da modernidade. Eis o *modus operandi* desses dois moderníssimos escritores e leitores encarnados em Calvino e Borges. Eles procuraram nos contagiar com as suas bibliotecas clássicas, assim endossando a leitura de seus próprios textos, de seus próprios artifícios literários, dilatando, conjuntamente com as suas obras, o horizonte de expectativa dos clássicos na modernidade. Não mais a obra, nem muito menos o autor, mas, antes, a leitura e a releitura, zonas originárias da irradiação literária produtora de inesperadas espessuras clássicas, seja sob a forma de intertextualidade ou de palimpsestos. O que Borges e Calvino pretendem com o conceito de clássico não é exatamente que as obras de um passado classicista sigam sendo lidas, mas, muito pelo contrário, que a leitura das obras clássicas polinize conjuntamente com os frutos verbais do presente. Portanto, a obra clássica vem a ser uma categoria de adição e não mais de determinação, como era na iminência do romantismo teórico cuja *poiésis* conduzirá à reformulação do conceito de clássico na modernidade.

Como *precursores* da virada crítica e teórica operada na primeira fase do romantismo, Borges e Calvino, cada um a sua maneira, levaram o conceito de clássico definitivamente ao interior da historicidade moderna sem, porém, recorrer à causalidade. Assim, do uso do referido conceito fizeram não apenas um dispositivo de canonização dos textos, mas, também, um modo de crítica propositiva, característica fundamental da sintaxe do pensamento moderno.

Referências bibliográficas

BAUDELAIRE, C. *Sobre a modernidade*. Trad.: T. Coelho e S. Cassal. Rio de Janeiro: Paz e Terra, 1996.

BENJAMIM, W. A teoria do conhecimento artístico na primeira fase do romantismo. Trad.: R. Röhl. In: BOLE, W. (org.) *Documentos de cultura, documentos de barbárie. Escritos escolhidos*. São Paulo: Cultrix, 1986, p. 87-96.

BORGES, J. L. Introduction à la Poétique de Paul Valéry. In: *Obras completas IV: 1975-1988*. Buenos Aires: Emecé, 2007a, p. 453-455.

BORGES, J. L. Paul Valéry. El cementerio marino. In: *Obras completas IV: 1975-1988*. Buenos Aires: Emecé, 2007b, p. 180-184.

BORGES, J. L. La flor de Coleridge. In: *Obras completas II: 1952-1972*. Buenos Aires: Emecé, 2010a, p. 20-23.

BORGES, J. L. Kafka y sus precursores. In: *Obras completas II: 1952-1972*. Buenos Aires: Emecé, 2010b, p. 107-109.

BORGES, J. L. Sobre los clásicos. In: *Obras completas II: 1952-1972*. Buenos Aires: Emecé, 2010c, p. 1821-84.

BLOOM, H. *La angustia de las influencias*. Trad.: F. Rivera. Caracas: Monte Ávila Editores, 1973.

CALVINO, I. Por que ler os clássicos. In: *Por que ler os clássicos*. Trad.: N. Moulin. São Paulo: Cia. das Letras, 1993, p. 9-16.

COSTA-LIMA, L. (org). *Teoria da literatura em suas fontes*. 3a. ed. vols. 1 e 2. Rio de Janeiro: Civilizaçao Brasileira, 2002.

DINIZ, D. O. *A conceitualidade do livro em literatura. Desmesuras da página em Novalis, Mallarmé e Borges*. Tese de doutorado. Belo Horizonte: UFMG, 2014. Disponível em: <http://www.bibliotecadigital.ufmg.br/dspace/handle/1843/ECAP-9KLHNK>

JAUSS, H. R. Tradição literária e consciência atual da modernidade. In: OLINTO, H. K. (org.). *História da literatura. As novas teorias alemãs.* São Paulo: Ática, 1996, p. 47-100.

KOSELLECK, R. *Futuro pasado: para una semántica de los tiempos históricos.* Barcelona: Paidos, 1993.

LACOUE-LABARTHE, P. e NANCY, J-L. *El absoluto literario. Teoría de la literatura del romanticismo alemán.* Trad.: Cecilia González y Lauga Carugati. 1a. ed. Buenos Aires: Eterna Cadencia, 2012.

NOVALIS. *Pólen. Fragmentos. Diálogos. Monólogo.* Trad.: R. R. T. Filho. São Paulo: Iluminuras, 2009.

PAZ, O. *El arco y la lira.* 1a. ed. México D. F.: Fondo de Cultura Económica, 1956.

ROSENFELD, A. e GUINSBURG, J. Romantismo e classicismo. In: GUINSBURG, J. (org.). *O romantismo.* São Paulo: Perspectiva, 2002, p. 261-274.

SCHLEGEL, A. W. *Doutrina da arte. Cursos sobre literatura bela e arte.* Trad.: M. A. Werle. São Paulo: EDUSP, 2014.

SCHLEGEL, F. *O dialeto dos fragmentos.* Trad.: M. Suzuki. São Paulo: Iluminuras, 1997.

SÜSSEKIND, P. A Grécia de Wincklemann. Revista *Kriterion.* Belo Horizonte, nº 117, Jun./2008, p. 67-77.

VALÉRY, P. *Introduciton a la poétique.* Paris: Gallimard, 1938.

WERLE, M. A. Apresentação. In: SCHLEGEL, A. W. *Doutrina da arte. Cursos sobre literatura bela e arte.* Trad.: M. A. Werle. São Paulo: EDUSP, 2014, p. 9-19.

CALVINO E O KLÁSSICO (COM K), DO MAYOMBE GRUPO DE TEATRO

Flávia Almeida Vieira Resende[1]

> *Calvino se esqueceu de dizer que, antes de beber dos clássicos, é preciso de – no mínimo – fazer umas embaixadinhas.*
>
> **Klássico (com K)**

Por que ler os clássicos? Essa pergunta de infinitas e insatisfatórias respostas – já que nenhuma delas pautada por um pragmatismo ou objetivismo – parece vir acompanhada de outras: Como e quando ler um clássico? É possível fazer uma primeira leitura de um clássico, ou ela é sempre uma releitura? Como eleger os nossos próprios clássicos? Qual a relação que o tempo presente pode estabelecer com uma leitura que vem de outro tempo-espaço (e congrega outros tempos-espaços)? Calvino busca, ao longo de seu ensaio "Por que ler os clássicos", delinear de alguma forma os contornos desse "livro que nunca terminou de dizer o que tinha pra dizer" (Calvino, 1991, p. 11). É também numa tentativa de se aproximar da literatura clássica universal e de estabelecer com ela uma relação mais pessoal e subjetiva que se constrói o espetáculo mais recente do Mayombe Grupo de Teatro, *Klássico (com K)*.

Ao longo de sua trajetória de quase 20 anos de existência, o Mayombe Grupo de Teatro, de Belo Horizonte, buscou diversas fontes de inspiração para a criação de seus espetáculos. Realizou peças que baseavam suas dramaturgias em mitos pré-colombianos, africanos e greco-romanos[2]. Em

---

[1]. Doutoranda em Literaturas Modernas e Contemporâneas pelo Pós-Lit UFMG. Bolsista CAPES. Atriz do espetáculo *Klássico (com K)*, no papel de Antígona. Contato: flaviaskene@gmail.com

[2]. *Nossosnuestrosmitos I* (2002) e *Nossosnuestrosmitos II* (2004).

2010, com *Pequenina América*, o grupo se inspira em Cândida Erêndida, um clássico da literatura hispânica, se apropriando de elementos dessa obra, mas construindo sua própria leitura a partir dela. Mas é em *Klássico (com K)*, peça estreada em 2013, que o grupo assume abertamente o desejo de voltar-se para a literatura clássica e questionar o próprio fazer artístico, numa espécie de jogo metateatral.

Na base dessa dramaturgia estão quatro atores, Didi, Fernando, Flávia e Marina, que tentarão representar quatro personagens clássicos, Fausto, Ulisses, Antígona e Medeia, respectivamente. Para isso, o grupo instaura no palco uma "arena-show", que dará lugar a um jogo cênico inspirado em um clássico futebolístico. Alternando entre as instâncias da representação e da *presentação*, do performer que se coloca no aqui e agora da cena, os atores são frequentemente interrompidos por uma Juíza, que faz a mediação entre as jogadas e desfere comentários críticos e irônicos. A figura da Juíza funciona também como uma espécie de *deus ex-machina*, pois opera todos os efeitos do espetáculo (luz, som, projeções em vídeo), capazes, muitas vezes, de propor modificações significativas nesse embate entre atores e personagens e no próprio desenvolvimento da ação dramática.

Acreditamos que, nesse espetáculo, o Mayombe busca colocar os clássicos "em funcionamento" e, como acredita Calvino (1991, p.12), fazer com que eles estabeleçam "uma relação pessoal com quem lê". Não se trata, neste caso, de colocar em cena aqueles quatro personagens por um dever do grupo de apresentar ao público a literatura clássica, ou por uma "obrigação profissional" dos atores de representar "grandes personagens". Se Calvino acredita que os clássicos são lidos tão somente por amor, num gesto desinteressado, não imposto, poderíamos talvez substituir aqui a palavra "amor" por "paixão", entendendo que essa leitura desperta sentimentos fortes e contraditórios, de uma vontade de aproximação, mas também de uma recusa veemente. Concordamos com Calvino (1991, p. 13), nesse sentido, quando ele afirma que "o 'seu' clássico é aquele que não pode ser-lhe indiferente e que serve para definir a você próprio em relação e talvez em contraste com ele".

Assim, compreendemos, de alguma forma, a escolha por exatamente estes quatro personagens: Medeia, Antígona, Ulisses e Fausto. Não há, nessa escolha, um recorte temporal nem geográfico, já que Fausto está situado no romantismo alemão, enquanto os outros textos são da Grécia Antiga; nem tampouco um recorte de gênero, já que Ulisses não é mote de uma tragédia. O único ponto que podemos assinalar em comum entre eles é que os quatro vêm de origens míticas e que figuram entre os maiores clássicos da literatura universal. Ainda assim, poderíamos indagar por que exatamente esses quatro personagens, e não outros, como Édipo, tão afamado pela psicanálise, ou Hamlet, um clássico moderno de Shakespeare, também este um nome de peso. A única razão que podemos alegar, então, é que a escolha se dá porque esses eram os clássicos que poderiam dialogar com aqueles atores específicos; ou, ainda, esses eram os clássicos que aqueles atores específicos gostariam de "colocar em funcionamento".

Se nos indagamos aqui pelos motivos que levaram às escolhas feitas pelo Mayombe neste espetáculo *Klássico (com K)*, podemos trazer uma outra pergunta, que também dá título a um artigo de Calvino: "Para quem se escreve? (A prateleira hipotética)". Entendemos esse outro ensaio, de 1967, como uma espécie de correlato – às avessas – de "Por que ler os clássicos", pois nele Calvino trata não exatamente da leitura (ou recepção), mas da produção de um texto e de sua inserção numa espécie de "cânone". A ideia central de Calvino, cuja argumentação é construída por desvios, com possíveis respostas que se corrigem, é de que um escritor deve inserir a sua obra em uma "prateleira hipotética", virtual e "improvável", que também se reconfiguraria a partir da inserção desse livro (algo como a ideia de Borges em "Kafka e seus precursores"). Ambas as perguntas-artigo de Calvino têm a ver com uma questão mais geral: como lidar com a literatura e, em última instância, com a arte? Qual é o papel dela?

Em "Para quem se escreve?", Calvino, imbuído de questionamentos acerca das relações entre a arte e a política, coloca a literatura como uma possibilidade de "questionar a escala dos valores e o código dos significados estabelecidos" (Calvino, 2009, p. 191). Em outras palavras, o autor acredita num papel *desestabilizador* da literatura, seja no sentido de reconfigurar essa "prateleira hipotética" onde figuram as obras importantes para um leitor (ou para um "cânone" da história literária), seja no sentido de reconfigurar-se a si própria, ao longo de suas diversas leituras – que podem ir, vale destacar, *ao encontro de* ou *de encontro às* intenções do próprio autor.

Com isso, gostaríamos de pensar que a leitura que o Mayombe faz dos clássicos de alguma forma reconfigura essa espécie de prateleira hipotética, seja dos próprios atores, seja dos espectadores, pois, ao inserir o clássico ao lado de outras referências, dá novos sentidos àqueles clássicos originais (como é o caso de Fernando, que usa referências de Guimarães Rosa em

Grande Sertão: Veredas para construir seu Ulisses). Ao mesmo tempo, o espetáculo busca desestabilizar uma expectativa que poderia haver no público de uma representação de um clássico – a começar pelo título, onde a palavra já é grafada de forma diferente, fora do código estabelecido.

Ainda, ao colocar lado a lado esses dois artigos de Calvino, entendendo-os como correlatos, gostaríamos de pensar a forma de tratamento de um texto clássico proposta por Calvino e adotada também no espetáculo do Mayombe. Em "Por que ler os clássicos", Calvino apresenta argumentos bastante afetivos, como as crenças de que um clássico só é lido por amor, de que há clássicos que podem ser chamados de "seus", "meus", e de que uma obra deixa sementes em quem a lê. Isso, acrescentado à possibilidade que uma obra tem de reconfigurar as referências de um leitor, nos faz pensar em um tratamento menos "absoluto" dado a um clássico, no sentido de que aquele que o lê pode aproximar-se dele de diferentes formas – não apenas pelas qualidades teóricas ou defendidas por uma classe de teóricos, mas também pela afetividade. Se Calvino defende que "a literatura não é escola" (2009, p.193) e não tem, tampouco, a função de diminuir o desnível cultural existente nas sociedades, ao tratar um clássico com tamanha proximidade e afeto, ele possibilita a abertura da leitura dessas obras "canônicas" a diversos públicos.

O espetáculo *Klássico (com K)*, poderia se alegar, é uma peça de difícil compreensão para um público "leigo", não familiarizado com a literatura clássica universal ou com a linguagem do teatro contemporâneo. No entanto, o que se propõe no espetáculo é essa aproximação não reverencial à literatura, mas um pouco mais "antropofágica", no sentido que Oswald de Andrade dá ao termo. Uma aproximação afetiva e com potenciais desestabilizadores.

Dessa forma, é a partir da relação e do contraste com cada clássico que os atores/personagens de *Klássico (com K)* vão se definindo. Marina realiza sua trajetória cênica a partir de Medeia, passa por inúmeras representações famosas da personagem ao longo da história da arte, até chegar a sua própria Medeia – e concluir, contra a personagem original, que é incapaz de matar seus "filhos", suas crias. Didi mistura as lembranças pessoais de seus desamores às inquietações de Fausto, mas termina desacreditando da própria possibilidade de fazer um pacto com o diabo. Fernando relembra sua trajetória errante e o seu desejo de retorno a uma Ítaca, a uma origem, que nunca mais será a mesma. Flávia entra em constante conflito com

Antígona, alternando entre o seu desejo de ser como a heroína e seu silêncio frente às regras tirânicas e arbitrárias do mundo que a cerca.

O público que assiste ao espetáculo *Klássico (com K)* verá ressoar ali as marcas dos conhecidos personagens da literatura universal, porém misturados a uma infinidade de referências e outras leituras que os acompanharam ao longo dos séculos. E podemos nos questionar, como faz Calvino em seu ensaio, até que ponto os significados que acreditamos ver em determinada obra estavam lá desde o início e até que ponto eles são "incrustações, deformações ou dilatações" (Calvino, 1991, p.11). No caso do espetáculo, os atores tanto retomam esses significados correntes das obras quanto os questionam e, obviamente, acrescentam outros (que estavam lá desde o início?), vindos de suas próprias experiências com aquele clássico.

A ressonância dessas personagens e dos discursos tanto críticos quanto artísticos que as cercam é um dos principais elementos dramatúrgicos da peça. Marina, por exemplo, passa por diversas atrizes que já interpretaram Medeia. Uma de suas cenas é uma imitação da atuação de Bibi Ferreira para o texto *Gota D'água*, de Chico Buarque, que recontextualiza para o Brasil a Medeia clássica. Nessa cena, Marina se apropria do texto e do gestual de Bibi Ferreira, que tem a sua imagem projetada e multiplicada ao fundo. Na sequência, Marina dubla um trecho da ópera *Medeia*, interpretada por Maria Callas.

No entanto, não só as referências que envolvem Medeia interessam a Marina, mas também aquelas que dizem respeito à atuação de mulheres ao longo da história. A primeira cena da atriz traz a seguinte fala:

> Ai de mim! Nanagouveiam da minha desgraça! Pelas Lizas imortais porque não esperam eles que eu Renata Sorrah, e porque me humilham na Fernanda de todos! Oh, cidade Adriana, oh, Esteves habitantes de minha terra, a vós pelo menos eu tomo por Beth Midler, vede como sem que Sally Field as lamentações de Giuliana Gaudino, como e porque Marília Pera sou levada a uma Branca Letícia de Barros Mota, a um Carmem de Maura espécie. Como sou Wilma Henriques! Nem sobre a Deborah, nem na Carmem Miranda das sombras poderei Matarazzo, nem Inês, nem Peixoto.[3]

---

3. Todas as citações de trechos da peça vêm da referência MAYOMBE GRUPO DE TEATRO. Klássico (com K). In: *Klássico (com K): pesquisa, dramaturgia e espetáculo teatral*. Belo Horizonte: Mayombe Grupo de Teatro. Ainda no prelo e, portanto, sem número de página.

Essa profusão de nomes de atrizes se mistura à forma das falas de uma tragédia grega, com seus "ai de mim" e "oh". Embora pareça não fazer sentido se lida em sua sintaxe, linearmente, com nomes transformados em verbos (como em "Nanagouveiam") ou adjetivos (por exemplo, em "Como sou Wilma Henriques!"), esse trecho apresenta justamente o peso da influência de todas essas atrizes na representação de Marina. Quando sobe ao palco para representar Medeia, ela não está sozinha, mas convoca todo esse repertório que envolve a personagem e a própria atriz. Durante toda a representação, Marina se debate com isso que poderíamos chamar, com Calvino, de uma "nuvem de discursos críticos" que paira sobre um clássico, e nele deixa marcas que vão sendo transmitidas quase como se fizessem parte da obra original (estavam lá desde o início?). Como dissemos anteriormente, desse embate entre a atriz e o clássico e sua nuvem de discursos, nascerá a relação de Marina com a sua própria Medeia.

Também Flávia se envolve com essa nuvem de discursos críticos, com a personagem que representa – Antígona. Na sua primeira cena, a atriz traz o seguinte discurso:

> Eu não sei como eu vou fazer esta cena. Eu não preparei. Vocês acham que é assim? Marca uma data e a cena acontece? Não é assim que funciona o meu processo de criação. (...) Eu li todas as Antígonas que eu conhecia: a do Brecht, do Anouilh, da Griselda Gambaro, do José Watanabe... até decorei. É que eu tenho andado muito acadêmica ultimamente... então, o que eu fiz? Eu não fiz uma cena, mas eu escrevi um artigo que eu queria ler aqui para vocês.

Durante toda a peça, essas referências que Flávia diz ter lido voltarão em trechos de discursos e em imagens evocadas. É por meio da aproximação a esses outros discursos e do desejo de também construir um discurso crítico, acadêmico, que ocorrerá a aproximação à personagem clássica de Antígona. Nesse sentido, podemos afirmar com Calvino que

> os clássicos são aqueles livros que chegam até nós trazendo consigo as marcas das leituras que precederam a nossa e atrás de si os traços que deixaram na cultura ou nas culturas que atravessaram (ou mais simplesmente na linguagem ou nos costumes). (Calvino, 1991, p.11)

Em uma das cenas, que insinua uma relação incestuosa de Antígona com o irmão, Flávia interrompe a cena e diz: "eu nem acho que Antígona seja assim". Dessa forma, Flávia parece rechaçar uma interpretação da personagem que ganhou espaço com a psicanálise. Na experiência que a atriz faz de Antígona, não cabe essa cena de incesto, ou, antes, cabe apenas para que seja negada. Acreditamos que, mais do que evitar a "bibliografia crítica, comentários e interpretações", como sugere Calvino, poder negar um discurso que pesa sobre um clássico é também caminhar para a própria leitura que se pode fazer dele.

Dessa forma, parece ressoar ao longo da peça o questionamento que é feito pela Juíza durante a primeira cena de Flávia: "Quem é Antígona para você?" Em um dado momento, Flávia dirá que ela é "mais Ismênia que Antígona". Já no final da peça, se questionará: "e eu, enterro o quê?" Isso porque a nuvem de discursos que pairam sobre a personagem, neste caso, são outras leituras. São as visões pessoais de Brecht, Anouilh, Gambaro e Watanabe. Para saber o que é Antígona para si própria, não bastará se distanciar e escrever um artigo, Flávia terá que mergulhar nessa personagem, transitar por cenas em que a instância da representação prevalece, ou seja, em que a força da personagem de Sófocles se sobrepõe à própria atriz, para então conseguir delinear a sua Antígona. Poderíamos dizer que ela precisará passar por essas referências, mas também se encontrar diretamente com o clássico para construir sua própria leitura sobre ele. Ao final, Flávia poderá dizer, com a trivialidade de uma cena cotidiana:

> Acho que eu vi Antígona ontem. Ela andou pelo parque, tirou as placas de 'não pise na grama', fumou um cigarro e depois sumiu como se estivesse atrasada para desenterrar alguma coisa do vaso de violetas que vigia a gente no canto da janela.

Acreditamos que essa trivialidade está presente na argumentação de Calvino sobre "por que ler os clássicos". Ele afirma justamente a proximidade dessas obras com o que há de mais pessoal, capaz de ressoar em cada leitor, ao longo dos séculos, e por isso se reveste de ideias tão afetivas, como mencionamos anteriormente. Mas também estabelece noções complexas no campo da teoria literária, ao afirmar, por exemplo, que o clássico é aquele livro que "se configura como equivalente do universo, à semelhança dos antigos talismãs" (Calvino, 1991, p.13). O clássico abriria, nesse sentido, um espaço outro que não é o da realidade, mas que é capaz de dizer da realidade, a partir de suas próprias regras e de seu próprio modo de funcionamento. A literatura trabalha, assim, com uma espécie de *jogo*, como nos lembra Bruna Ferraz (2013), que permite ao leitor adentrar num outro mundo e nele fazer suas próprias conexões. Nesse jogo, se a literatura não possibilita eliminar os desníveis culturais, ela minimamente projeta um lugar hipotético, "improvável", que permite que o leitor (no caso de *Klássico*, o espectador) viva uma outra realidade, com outras regras de funcionamento, de jogo.

É também em meio a cenas de trivialidade cotidiana e no embate do jogo cênico criado em *Klássico (com K)* que se constroem as personagens de Didi/Fausto e Fernando/Ulisses. Didi, ao longo da peça, mistura as histórias de seus desamores às insatisfações de Fausto, e permeia tudo isso com uma receita de um fricassé. O prato que ele ensina ao público o ajuda a trazer de volta as memórias do seu amor, que ele diz estar na Coreia, esse lugar "longe e inatingível", nas palavras da Juíza. A solidão de Fausto, a sua inabilidade para assuntos amorosos, seu desejo incessante e os seus questionamentos religiosos materializados no pacto com Mefistófeles ganham um tom pessoal e cotidiano na atuação de Didi. Ao final, o ator volta seu discurso para a necessidade que o ser humano cria de se determinar, de se prender, de se atribuir limites.

> A grandiosidade de tudo isso aqui apelidada de paraíso ou inferno, não importa, tudo prontinho pra gente se perder em cada ponto como única condição da existência e a gente faz o quê? Cria um endereço pra dizer que mora, um número pra saber que está e um nome pra dizer que é. (...) Perder-se não seria a melhor alternativa?

Nesse trecho está presente tanto o desejo insaciável de Fausto, mesclado aos questionamentos de Didi sobre a própria existência, quanto a ideia de uma inutilidade do pacto, ou dos pactos que fazemos todos os dias. Em nome de uma liberdade, que mais bem se definiria como uma estabilidade (financeira, profissional, por exemplo), negociamos continuamente nossa alma, nossos desejos, enquanto a morte nos atravessa cotidianamente em sua potência negativa da vida.

No caso de Fernando/Ulisses, o ator traz para a cena suas memórias pessoais da infância para falar, com o personagem clássico, de um "retorno" a uma Ítaca que não existe mais. Nessa personagem, particularmente, não há uma recuperação dos textos do clássico de Homero durante a peça. A trajetória de Ulisses, suas desventuras, sua relação com o filho, estão presentes como ecos – identificáveis, para um leitor de Homero[4] – na história de vida

---

4. Se falávamos antes que o *Klássico* é um espetáculo de difícil entendimento, justamente porque às vezes as personagens usam de referências clássicas sem explicá-las ou explicitá

do próprio ator. Nas dobras de sua memória, compartilhada com o público, se misturam as lembranças da infância do ator e do próprio personagem que é representado. Fernando é aquele que, como Ulisses, sai de casa para trilhar seus próprios caminhos, perde durante a trajetória uma série de companheiros e depois deseja regressar ao lar que, após vinte anos (no caso do herói grego), já não é mais o mesmo. Como Fernando afirma no final:

> A odisseia vai ser sempre a mesma. A gente sai de casa pra virar homem, adulto razoável, sujeito simples com predicado certo. E depois de homem feito, vergonha na cara, fundura no olho, filho criado... Aí a gente pega o caminho de volta. Só que a casa, o colo, aquele lá detrás, já não existe mais. (...) (*Tapa os ouvidos. Preparação de cobrança de pênalti.*) Nessa hora ele é ele e é Ninguém. Ninguém é mais que ele. Ele é mais que ninguém.

Fernando se coloca, assim como Ulisses, como esse "Ninguém", esse sujeito que se nulifica para vencer as adversidades do caminho. Porém, no caso de Fernando, ele pode acrescentar, num jogo de palavras assim como foi o uso do nome Ninguém por Ulisses, que "ninguém é mais que ele" e "ele é mais que ninguém". Sua trajetória é única e o faz parecer mais que os outros; mas não há outros, não há ninguém, ou só há ninguém.

Na trajetória de todos os personagens, a peça está atravessada pela ressonância dos clássicos nos próprios atores e no que pode sobreviver deles no contemporâneo. Para cada um deles, há uma razão subjetiva – e não pragmática – para ler aquele clássico específico. É, sobretudo, o olhar atual sobre os clássicos que marca o ponto de onde eles são lidos no espetáculo. Se se trata de uma peça contemporânea, com todas as implicações estéticas que isso traz (a fragmentação dramatúrgica, a performatividade dos atores), devemos voltar nosso olhar também para essa ideia de contemporâneo e para a relação dela com os clássicos. Podemos dizer que há, na ideia de contemporaneidade, uma cisão do próprio tempo. Como afirma Giorgio Agamben, em seu conhecido ensaio sobre o contemporâneo:

> A contemporaneidade (...) é uma singular relação com o próprio tempo, que adere a este e, ao mesmo tempo, dele toma distâncias (...). Aqueles que coincidem muito plenamente com a época, que em todos os aspectos a esta aderem perfeitamente, não são contemporâneos porque, exatamente por isso,

---

-las, acreditamos, no entanto, na ideia de que o leitor pode adentrar esse jogo proposto em cena e construir diferentes significados, ainda que não tenha as referências que basearam a construção das cenas.

não conseguem vê-la, não podem manter fixo o olhar sobre ela. (Agamben, 2009, p. 59)

A desconformidade presente – e imprescindível – nesse espetáculo do Mayombe é justamente o fato de se colocarem juntos diversos tempos, anacrônicos e ao mesmo tempo simultâneos. A literatura clássica misturada à dramaturgia contemporânea, a representação e a presentação, o aqui e agora e o alhures e outrora. Se Calvino (1991, p. 15) afirma que "é clássico aquilo que persiste como rumor mesmo onde predomina a atualidade mais incompatível", poderíamos inverter e dizer que é contemporâneo aquilo que é capaz de ouvir o rumor do que é clássico, daquilo que lhe parece mais incompatível. Assim, o Mayombe pode acrescentar ao ensaio de Calvino que, antes de beber dos clássicos, é preciso, no mínimo, fazer umas embaixadinhas, colocar lado a lado o clássico literário e o clássico futebolístico, criar uma dissociação para, como afirma Agamben, em meio ao escuro da época, enxergar alguma luz que se projeta e se afasta de nós. Nesse jogo proposto em *Klássico (com K)*, se pudéssemos eleger um vencedor, diríamos que vence o clássico, que, ainda que com K, ainda que abertamente transformado e subvertido, continua ressoando em meio ao burburinho daquilo que há de mais trivial.

Referências bibliográficas

AGAMBEN, G. O que é o contemporâneo? In: *O que é o contemporâneo? e outros ensaios*. Trad.: V. N. Honesko. Chapecó: Argos, 2009.

CALVINO, I. Por que ler os clássicos. In: *Por que ler os clássicos*. Trad.: N. Moulin. São Paulo: Companhia das Letras, 1991.

CALVINO, I. Para quem se escreve? (A prateleira hipotética). In: *Assunto encerrado: Discursos sobre literatura e sociedade*. Trad.: R. Barni. São Paulo: Companhia das Letras, 2009. p. 190-195.

FERRAZ, B. F. *O universo em um livro: As cosmicômicas, de Italo Calvino*. 2013. 112 f., enc Dissertação (mestrado) - Universidade Federal de Minas Gerais, Faculdade de Letras.

MAYOMBE GRUPO DE TEATRO. Klássico (com K). In: *Klássico (com K)*: pesquisa, dramaturgia e espetáculo teatral. Belo Horizonte: Mayombe Grupo de Teatro. No Prelo.

ENTRE O REAL E O FICCIONAL:
o cavaleiro inexistente como alegoria do sujeito moderno

Juliana Zanetti de Paiva[1]

> *Sendo o objeto da literatura a própria condição humana, aquele que a lê e a compreende se tornará não um especialista em análise literária, mas um conhecedor do ser humano.*
>
> **Todorov**

Um dos livros que compõe a vasta obra de Italo Calvino é *Os nossos antepassados* – uma trilogia composta pelas histórias d'*O visconde partido ao meio*, *O barão nas árvores* e *O cavaleiro inexistente*.

Poderíamos ler essas três histórias apenas para nos divertirmos, algo que acontece constantemente, mas elas provocam a nossa sensibilidade, instigam-nos a tentar refletir mais profundamente e nos aguçam a consciência. Somos envolvidos pela magia com que Calvino dá vida às palavras. As perguntas propostas pelo controvertido Harold Bloom em seu livro *Gênio: Os 100 autores mais criativos da história da literatura* para definir o que vem a ser um escritor de gênio podem ser feitas acompanhadas da leitura do livro *Os nossos antepassados*: "ele ou ela alarga a nossa consciência? E como isso se dá? (...). Fora o aspecto do entretenimento, a minha consciência foi aguçada? Expandiu-se a minha consciência, tornou-se mais esclarecida?" (Bloom, 2003, p. 37).

Podemos considerar Calvino um escritor de gênio, assim como Bloom o considera, pois para todas essas perguntas encontramos respostas positivas. Ao narrar as aventuras e as desventuras das suas personagens, ao realizar

---

1. Graduada em Letras pela Universidade Federal do Ceará (UFC), especialista em Estudos de Tradução pela UFC e atualmente é aluna do Mestrado em Teoria e História Literária da Unicamp com bolsa Fapesp. Contato: juzanettipaiva@gmail.com

o que Candido (2000) – quando reflete sobre literatura – chama de uma "fuga do real", Calvino transcende essa mesma realidade pela imaginação e nos possibilita refletir criticamente sobre a sociedade contemporânea. O próprio autor esclarece o que pretendia com as três histórias:

> Gostaria que pudessem ser vistas como uma árvore genealógica dos antepassados do homem contemporâneo, em que cada rosto oculta algum traço das pessoas que estão a nossa volta, de vocês, de mim mesmo. (Calvino, 2001, p. 20)

Além disso, é importante destacar que há nele a preocupação em, remetendo-nos à época medieval, discutir questões relativas àquilo que se denomina modernidade. Ele mesmo faz questão de esclarecer a sua intenção: "para expressar o ritmo da vida moderna, não encontro nada melhor do que narrar batalhas e duelos dos paladinos de Carlos Magno" (Calvino, 2009, p. 82).

Para nós, Calvino utiliza como recurso, para expressar o que chama de "ritmo da vida moderna", a figura literária chamada alegoria, entendida como "metáfora que é continuada como tropo de pensamento em causa, por outro pensamento, que está ligado, numa relação de semelhança, a esse pensamento em causa" (Lausberg, 2004, p. 249).

A alegoria é pensada, por nós, como um instrumento que possibilita refletir sobre a personagem de Calvino como protótipo do sujeito moderno, não no sentido de que a sua personagem seja o sujeito moderno, mas porque suas características mais salientes são condizentes com a forma-sujeito moderna. A alegoria se constrói como comparação, como analogia, entendendo a personagem como expressão de pensamentos e comportamentos coletivos, visto que o sujeito moderno se fundamenta em uma concepção que almeja tornar-se totalizante, como elemento que possibilita uma crítica a essa forma-sujeito. Construímos assim uma nova significação, nem única ou absoluta, mas uma das possibilidades de análise da obra, algo que relaciona o esforço de entendimento das histórias a partir de uma perspectiva de crítica ao que elas alegorizam e a nossa visão de mundo.

Nesse sentido, buscamos refletir sobre o que é visível e o que está oculto, invisível. Por exemplo, o que significa alguém existir somente enquanto uma armadura vazia por dentro? Significa um homem sem conteúdo que o diferencia? Ou a anulação do indivíduo em detrimento da afirmação de uma abstração? Concordamos com Benjamin quando afirma que a alegoria não é "uma relação convencional entre uma imagem significante e o seu significado" (Benjamin, 2011, p. 172), mas sim expressão de "algo de diverso, através dela ele [o alegorista] fala de algo de diverso e ela torna-se para ele a chave que lhe dá acesso a um saber oculto" (Benjamin, p. 196).

A alegoria está presente em *O cavaleiro inexistente*, pois deparamos com um enredo em que a personagem protagonista – o cavaleiro Agilulfo – deslinda a possibilidade de um campo de reflexão sobre a vida moderna. Mas de que reflexão se trata?

A questão central do nosso texto é refletir sobre *O cavaleiro inexistente* como uma alegoria de nós contemporâneos, adoradores de mercadorias, sujeitos modernos que herdaram de *nossos antepassados* o que historicamente se chama de modernidade. Para nós essa modernidade pode ser entendida como um processo de ruptura entre a forma de vida pré-moderna, quando a transcendência religiosa era o fundamento das relações sociais, e a moderna, quando a vida social passa a ser paulatinamente fundamentada pela Razão Instrumental e Mercantil.

Seguindo a crítica dos frankfurtianos, podemos afirmar que a Razão Instrumental é dominada pela lógica formal, pela abstração dos conteúdos concretos da vida e pela matematização:

> A lógica formal é, assim, o primeiro passo na longa viagem para o pensamento científico – apenas o primeiro passo, porque ainda é necessário um grau muito mais elevado de abstração e matematização para ajustar o modo de pensar à racionalidade tecnológica. (...) Muito antes de o homem tecnológico e a natureza tecnológica terem surgido como objetos de controle e cálculo racionais, a mente foi tornada susceptível de generalização abstrata. (Herbert, 1973, p. 137)

O pensamento, no sentido do esclarecimento, é a produção de uma ordem científica unitária, um conhecimento que encara os fatos como são, neutros, desde que metodologicamente comprovados.

O desenvolvimento da ciência moderna se deu com base no domínio objetivo da natureza inédito na história humana. No decorrer desse processo, acontece um verdadeiro "programa de desencantamento do mundo" (Adorno & Horkheimer, 1986, p. 19), em que as qualidades concretas do mundo são destruídas. Sendo assim, "o que não se submete ao critério da calculabilidade e da utilidade torna-se suspeito para o Esclarecimento" (Adorno & Horkheimer, 1986, p. 21), que pretende despir a sociedade de suas qualidades concretas para poder submeter o que nela existe a um princípio geral e abstrato: o da calculabilidade.

É essa Razão que desenvolve paulatinamente uma dominação impessoal que não é imposta pela força, como, por exemplo, em sociedades anteriores, mas que se apresenta de forma abstrata com "sutilezas metafísicas e manhas teológicas" (Marx, 1985). E são essas sutilezas e manhas teológicas que possibilitam o controle dos sujeitos pela sua aceitação racional. Como diz Zygmunt Bauman, nessa sociedade, "ninguém pode se tornar sujeito, sem primeiro virar mercadoria (...) uma mercadoria vendável" (Bauman, 2008, p. 20).

O cavaleiro Agilulfo traz a carga desse projeto como uma alegoria do sujeito moderno, pois expressa a negação da individualidade do ser humano, de todo aquele indivisível que existe em cada um graças às suas experiências diversas em proveito de uma forma-sujeito apta à vida moderna, um sujeito que tem ações e pensamentos em consonância com o ritmo moderno.

> Quanto mais estridente se torna o discurso acerca da fantástica "individualidade" moderno-ocidental, tanto mais os seres humanos individuais tornados abstratos do ponto de vista real se igualam entre si qual um ovo em relação ao outro, até mesmo no que se refere ao hábito exterior, no modo de pensar e agir mecanicamente controlado pelas modas e pelas mídias de acordo com o fetiche da valorização. (Kurz, 2010, p. 87)

Se Marx falou dos sujeitos no capitalismo, portanto, da modernidade, como portadores de uma *máscara de caráter* (1985), poderíamos dizer que Calvino construiu uma alegoria da *armadura de caráter* do sujeito moderno.

O protagonista, Agilulfo, é uma alegoria forte do sujeito moderno porque é ele quem tem sempre atitudes calculadas, sem reflexões ou questionamentos, com a aceitação da realidade vivida e por isso sem atritos com ela, pelo contrário, há nele um vazio que se expressa nas atividades que desenvolve cotidianamente. A sua época

> Era uma época em que a vontade e a obstinação de existir, de deixar marcas, de provocar atrito com tudo aquilo que existe, não era inteiramente usada, dado que muitos não faziam nada com isso – por miséria ou por ignorância ou porque tudo dava certo para eles do mesmo jeito – e assim uma certa quantidade andava perdida no vazio. Podia até acontecer então que num ponto essa vontade e consciência de si, tão diluída, se condensasse, formasse um coágulo, como a imperceptível partícula de água se condensa em flocos de nuvem, e esse emaranhado, por acaso ou por instinto, tropeçasse num nome ou numa estirpe, como então havia muitos disponíveis, numa certa

patente de organização militar, num conjunto de tarefas a serem executadas e de regras estabelecidas. (Calvino, 2001, p. 393)

Podemos pensar que a história d'*O cavaleiro inexistente* demonstra que o olhar de Calvino não se voltou somente para a sociedade italiana, cujo cenário ele explicitou na conferência *Diálogo de dois escritores em crise*, ao afirmar que

> A Itália é hoje, em parte, um país moderníssimo, industrializado, com um alto nível de bem-estar; em parte, porém, é um país antiquado, imóvel, paupérrimo. Que situação melhor para se ter uma ideia de conjunto do mundo? (Calvino, 2006, p. 82)

Ao analisar a obra *Os nossos antepassados*, Bonura constata e destaca esse aspecto, "Calvino tinha dado o quadro clínico não só da sociedade italiana, mas já de toda a civilização cristã-ocidental, resultante no homem em uma dimensão sistêmica, que o esmaga e o torna anônimo" (Bonura, 2002, p. 145).

Esse "quadro clínico" negativo do qual fala Bonura pode ser relacionado à reflexão que Calvino desenvolveu sobre uma "literatura da negação", em que a "realidade negativa do mundo" é encarada como algo do qual não se deve fugir e algo com o qual não se deve estabelecer uma relação de afetividade. Interessava-lhe, dentre outras questões, refletir sobre as relações sociais e humanas inseridas nessa "realidade negativa do mundo", pois, afirma ele,

> Não queremos atenuar em nada a consciência aguda do negativo, justamente porque ela nos permite perceber como, continuamente debaixo dele, move-se e se atormenta alguma coisa, alguma coisa que não podemos sentir como negativo, porque o sentimos como nosso, como o que sempre e finalmente nos determina. (Calvino, 2006, p. 22)

Um dos grandes feitos de Calvino em *O cavaleiro inexistente* foi ter construído um mundo fantasioso, para onde o leitor se sente transportado, imerso na história de uma personagem extremamente intrigante, ao mesmo tempo que a sua história expressa *la vita che si respira a questo mondo*, possibilitando relacionar a fantasia e o real. Relação essa que ele destaca como importante no livro *Sulla fiaba*, ao afirmar que

> Quem sabe o quanto é raro na poesia popular (e não popular) construir um sonho sem se refugiar na evasão, apreciará essas pontas extremas de uma autoconsciência que não rejeita a invenção de um destino, essa força de rea-

lidade que explode inteiramente em fantasia. Melhor lição, poética e moral, as fábulas não nos poderiam dar. (Calvino, 2011, p. 78)

No caso, a realidade que alegoricamente se delineia vai ao encontro do que Calvino afirma em relação à vida moderna: "Eu replico que devemos expressar a vida moderna em sua dureza, em seu ritmo e também em sua mecanicidade e desumanidade, para encontrar os verdadeiros alicerces do homem de hoje" (Calvino, 2006, p. 79).

Mas quem é esse cavaleiro inexistente?

Chama-se Agilulfo Emo Bertrandino dos Guildiverni e dos Altri de Corbentraz e Sura, um dos cavaleiros que integra o exército de Carlos Magno. Diferentemente dos outros, este se apresenta com uma armadura extremamente branca e limpa, "só uma tirinha negra fazia a volta pelas bordas; no mais era alva, bem conservada, sem um risco, bem-acabada em todas as juntas, encimada no elmo por um penacho de sabe-se lá que raça de galo oriental, cambiante em cada nuance do arco-íris" (Calvino, 2001, p. 369), características que se manterão no decorrer da história.

Além de ter chamado a atenção por conta de conservar a sua armadura sempre tão branca e intacta, Agilulfo despertou a curiosidade de Carlos Magno pelo fato de não existir, ou melhor, de existir de um modo bastante diferente e curioso:

> – Falo com o senhor, ei, paladino! – insistiu Carlos Magno. – Como é que não mostra o rosto para o seu rei?
> (...) – Porque não existo, sire.
> – Faltava esta! – exclamou o imperador. – Agora temos na tropa até um cavaleiro que não existe! Deixe-nos ver melhor.
> (...) – E como é que está servindo, se não existe?
> – Com força de vontade – respondeu Agilulfo – e fé em nossa santa causa!
> – Certo, muito certo, bem explicado, é assim que se cumpre o próprio dever. Bom, para alguém que não existe está em excelente forma! (Calvino, 2001, p. 370)

A existência de Agilulfo se materializava, então, pela existência de uma armadura, objeto que o igualava aos demais cavaleiros que também usavam armaduras, mas, ao mesmo tempo, diferenciava-o porque tal armadura era vazia por dentro, ou seja, não era vestida por um homem, como no caso dos outros cavaleiros.

O interior, o que pode distinguir, já não mais existe. Apenas existe a forma exterior que, embora com alguns apetrechos que o tornam especial, é uma forma de superfície, que prescinde de um interior, específico e concreto, mantendo apenas o exterior e o geral. Não seria essa a forma de subjetividade que restaria quanto mais a subjetividade concreta na modernidade se deixa abocanhar pela forma abstrata e geral que é a forma-sujeito moderna em harmonia com a Razão Instrumental e Mercantil?

O fato de Agilulfo existir somente enquanto armadura faz com que a igualdade estabelecida entre ele e os demais cavaleiros se dê no plano social e geral. Todos eles estão a serviço do exército, ou seja, a serviço de um papel social a cumprir que extrapola a diferenciação existente entre cada homem concreto que sustenta uma armadura e participa da guerra. Apesar de Carlos Magno perguntar o nome e a origem dos seus cavaleiros, isso não passava de uma atividade corriqueira entre ele e os integrantes de seu exército, pois cada um era identificado pelo emblema que trazia no escudo, "mas o costume impunha que fossem eles a revelar o nome e o rosto. Se fosse de outro modo, alguém, tendo coisa melhor para fazer do que participar da revista, poderia mandar para lá sua armadura com outro dentro" (Calvino, 2001, p. 368). Portanto, não interessava se ali, dentro da armadura, estivessem Bernardo, Ulivieri ou Salomon, ou um outro cavaleiro qualquer, mas sim que os cavaleiros ali representados pela sua armadura formassem uma determinada quantidade capaz de implementar as ordens do imperador para que a vitória fosse garantida.

Podemos refletir que essa relação de anulação do concreto em favor do abstrato, uma igualdade universal, existe com a produção de mercadorias na sociedade moderna, pois não interessa se é o João ou o Joaquim quem as produz, mas sim que eles as produzem independente de suas qualidades ou características individuais. Para que essa igualdade exista, os indivíduos precisam usar uma *máscara de caráter*, ou seja, precisam materializar uma forma de ser e pensar que os iguale como sujeitos na modernidade. Nesse sentido, cabe esclarecer que o nosso conceito de forma-sujeito está para além de uma divisão marxista tradicional de classes na modernidade. Para nós, a forma-sujeito é uma forma de fato abstrata de subjetividade que, como uma *máscara de caráter*, tende a se aferrar nos rostos concretos para além de uma distinção de classe. O que significa dizer que também as diferenças subjetivas entre as classes vão historicamente diminuindo em proveito de uma igualdade abstrata.

Na história de Calvino, Agilulfo representa não uma *máscara de caráter*, mas uma *armadura de caráter* que todos vestem para cumprir o papel social de cavaleiro na guerra, anulando e esvaziando, com isso, as suas características individuais e assumindo características exteriores que os fazem executores de uma mesma lógica. Na modernidade, a Razão Instrumental e Mercantil tenta ser totalizante e tenta englobar todos e todas dentro da sua lógica de organização do mundo. Para que se cumpra o seu desejo de racionalizar e tornar tudo calculável e objetivo, tenta-se fazer com que os sujeitos sejam levados a agir inconscientemente porque a lógica está decidida aprioristicamente.

O momento em que as características físicas, individuais e distintas dos paladinos vinham à tona era quando a noite despontava no horizonte, quando o acampamento silenciava e dormia profundamente, momento em que os paladinos tiravam as suas armaduras e se distinguiam uns dos outros, "finalmente livres dos elmos e das couraças, satisfeitos por se tornarem seres humanos distintos e inconfundíveis, ali estão todos roncando em uníssono" (Calvino, 2001, p. 372). Quando isso acontecia, as armaduras se tornavam vazias, como Agilulfo, mas era um vazio diferente, no sentido de matéria, de corpo, e não de conteúdo. Podemos até partilhar da ideia de que eram conteúdos físicos humanos diferentes, mas que se igualavam ao colocar a armadura e, depois disso, tornavam-se Agilulfos, portanto, vazios. Separadas dos corpos que lhes dão vida, as armaduras eram apenas um invólucro, "uma ferragem vazia" (Calvino, 2001, p. 373), mas quando unidas aos corpos dos cavaleiros, elas materializavam essa igualdade vazia, os homens passavam a ser a armadura que vestiam. Há uma fusão do ser com o objeto, e esse ser passa a ser o objeto que sozinho não pode combater para garantir a sua sobrevivência. Sem as armaduras, os paladinos se mostravam decompostos, arruinados, diferentemente do que acontecia com Agilulfo, que sempre permanecia inquebrável e intacto, mas se sentia incompleto, pois a armadura, a couraça que representava atitudes determinadas e racionais se igualava na decomposição e ruína dos demais cavaleiros. Em Agilulfo, isso não se expressava fisicamente, mas subjetivamente quando ele tentava se comparar aos cavaleiros existentes e percebia que eram diferentes dele fisicamente, sem as armaduras, momento em que percebia a fragilidade e decadência dos homens. Para ele, "se o segredo deles está aqui, neste saco de tripas, muito obrigado, não me faz falta. Este vale de corpos nus que se desagregam não me provoca mais arrepios que o açougue do gênero humano vivo" (Calvino, 2001, p. 414). Mesmo se sentindo o melhor cavaleiro de todos, Agilulfo se sentia infeliz. Uma infelicidade que pode ser relacionada ao fato de ele buscar sentido para a sua "existência" nas tarefas que realizava e na própria armadura, não havia *ser* e sim o objeto que cumpria o papel de igualar todos os cavaleiros – a armadura.

Ao permanecer sempre uma armadura, Agilulfo tinha a certeza do quanto era superior e invencível, pois ele permanecia sempre ele,

> não era possível decompô-lo em pedaços, desmembrá-lo: era e permanecia em cada momento do dia e da noite Agilulfo Emo Bertrandino dos Guildiverni e dos Altri de Corbentraz e Sura, armado cavaleiro de Selimpia Citeriore e Fez no dia tal, tendo para maior glória das armas cristãs realizado as ações tais e tais, assumido no exército do imperador Carlos Magno o comando de tais tropas e daquelas outras. E possuidor da armadura mais linda e imaculada de todo o campo, dele inseparável. (Calvino, 2001, p. 374)

Nesse contexto de guerra, onde constantemente se combate, os paladinos não se preocupavam e nem se esforçavam para realizar determinadas atividades às quais eram destinados, talvez por não acreditar que essas atividades alterariam a situação na qual estavam inseridos ou talvez por sentir indiferença e descrença com relação à possibilidade de alguma mudança da realidade, pois a guerra se mantinha há bastante tempo e nela

> Cada palavra, cada gesto era perfeitamente previsível, como tudo naquela guerra que durava tantos anos, cada embate, cada duelo, conduzido sempre conforme as mesmas regras, de tal modo que se sabia na véspera quem havia de ganhar, perder, tornar-se herói, velhaco, quem acabaria com as tripas de fora e quem se safaria com uma queda do cavalo e a bunda no chão. (Calvino, 2001, p. 369)

Por isso, realizavam as atividades necessárias à manutenção e organização das estalagens da maneira mais fácil e menos trabalhosa. Já Agilulfo não aceitava nem suportava que algo fosse realizado de qualquer maneira ou que alguma ordem fosse negligenciada. Por isso,

> gritou com os cavalariços, distribuiu punições aos que mereciam, inspecionou todos os turnos de corveia, redistribuiu as tarefas explicando minuciosamente a cada um como deveriam ser executadas e pediu que repetissem o que dissera para confirmar se haviam entendido bem. (Calvino, 2001, p. 371)

Agindo dessa maneira, Agilulfo assumia a postura de um chefe porque impingia aos outros o funcionamento perfeito das estalagens, nada podia ser diferente das normas e regras impostas. Ele era considerado um "modelo de soldado" porque percebia todas as incorreções, imperfeições e desleixos cometidos para, em seguida, ordenar o que deveria ser feito com o máximo de precisão e certeza.

Essa atitude de quem deve seguir e garantir o cumprimento das ordens instituídas, bem como de extremo respeito às instituições por parte de Agilulfo aparece fortemente no momento em que um jovem cavaleiro de nome Rambaldo chega ao acampamento e esclarece o motivo pelo qual o fazia querer combater ao lado dos outros cavaleiros:

> E gostaria que me dissessem, vocês veteranos, por favor, como devo agir para enfrentar aquele cão, o pagão emir Isoarre, sim, exatamente ele, e romper-lhe a lança nas costelas, tal como ele fez com meu heróico pai. (Calvino, 2001, p. 376)

Agilulfo fez questão de "demonstrar a própria competência" e o seu conhecimento minucioso "de regulamentos e normas" quando respondeu ao jovem que para realizar o desejo de vingar seu pai, ele deveria "fazer um pedido à Superintendência para Duelos, Vinganças e Máculas à Honra, especificando os motivos da solicitação, e será estudada a melhor maneira de colocá-lo em condições de ter seu desejo satisfeito" (Calvino, 2001, p. 376-377). Diante do espanto por conta da inesperada resposta e do questionamento de Rambaldo de que o importante era saber como não perder a coragem na hora do confronto para que uma causa particular fosse resolvida, Agilulfo lhe respondeu novamente com a indicação de que, seguindo as normas, a vitória na empreitada seria garantida: "– Sigo rigorosamente as orientações. Faça assim também que tudo vai dar certo" (Calvino, 2001, p. 377).

A ironia se faz presente na alternativa proposta por Agilulfo, pois parece ser absurdo que em uma guerra, onde se mata para não morrer, possa existir uma instituição que regule e normatize a defesa da honra e o direito de vingança, constituindo-se quase uma alegoria do Estado. Mas, ao lado dessa ideia, que não há porque não ser levada em conta, também podemos refletir que a ironia está presente na ideia de que diante da guerra ou de um outro contexto social os argumentos utilizados pelo sujeito que detém o poder naquele momento são construídos e introjetados de modo a parecer racionais e válidos, para o bem de todos, a existência e manutenção das guerras, conflitos e matanças. Basta que sejam protocolados, justificados, regulamentados ou decididos por instituições estatais ou instâncias de poder, como se o fato de ser lei significasse algo bom. A partir disso, o discurso de união, sacrifício e confiança passam a ser defendidos, tornando absurdo ou ameaçador quem os questiona.

Após esse contato inicial com Agilulfo, Rambaldo passa a perceber que os acontecimentos ali e a forma de comportamento e relação dos cavaleiros era bastante diferente do que pensara, "jamais teria imaginado que as aparências pudessem revelar-se tão enganadoras" (Calvino, 2001, p. 379) e começou a sentir que "tudo o que tocava soava vazio" (Calvino, 2001, p. 378), pois as pessoas que estavam ali não tinham importância e não se levava em conta os seus sentimentos ou as suas preocupações. O exército levava em conta somente a quantidade de armaduras no combate e a estratégia a ser adotada para o êxito nas batalhas a serem empreendidas. O fato de um cavaleiro inexistente existir enquanto armadura não era um fato explicável, mas não era necessário que existisse alguma explicação, pois ele existia para servir ao exército de Carlos Magno e o fazia com muita competência, até demais para alguns. Para que explicar esse fato se a sua existência se coaduna aos propósitos estabelecidos pelo exército? Se ele é o maior defensor e executor de um pensamento pautado na racionalidade, na matematização e na ordenação? Essa interpretação se faz presente na afirmação de dois outros cavaleiros: "Dissemos apenas: em nosso regimento, há um cavaleiro assim ou assado. Isso é tudo. O que possa existir ou não em geral não nos interessa. Deu para entender?" (Calvino, 2001, p. 379).

Ao se dedicar sempre à mesma atividade, como "um exercício de precisão: contar objetos, ordená-los em figuras geométricas, resolver problemas de aritmética" (Calvino, 2001, p. 381), podemos novamente estabelecer uma relação entre Agilulfo e o sujeito moderno com sua Razão Instrumental. Sempre a pensar o mundo racionalmente, numericamente, abstratamente, ordenadamente, com tarefas a cumprir. Assim era Agilulfo, que

> se punha a contar: folhas, pedras, lanças, pinhas, o que lhe surgisse pela frente. Ou então colocava tudo em fila, arrumado em quadrados ou em pirâmides. Dedicar-se a estas ocupações exatas permitia-lhe vencer o mal-estar, absorver o desprazer, a inquietude e o marasmo, e retomar a lucidez e compostura habituais. (Calvino, 2001, p. 382)

A repetição dessas atividades era uma forma de afastar a sensação de incerteza que ele sentia quando a noite ia terminando e o dia ia aparecendo, momento em que "as coisas perdem a consistência de sombra que as acompanhou durante a noite e readquirem pouco a pouco as cores" (Calvino, 2001, p. 381) e em que ele sentia dificuldade de raciocinar diante da sensação de que o mundo era vazio. Para combater essa espécie de insegurança e inquietação que exigiam dele um grande esforço para não sucumbir, Agilulfo apelava para a racionalização do sentimento, para a exatidão e mecanização das ações. Era isso que lhe trazia de volta a tranquilidade e a segurança para continuar sendo o Agilulfo de sempre.

Gurdulu: o existir inconsciente

Além de Agilulfo, outra personagem de Calvino que pode ser entendida como uma alegoria do sujeito moderno é Gurdulu. Apesar de receber diversas denominações por onde andava, como "Gudi-Ussuf ou Ben-Va-Ussuf ou Ben-Stambul ou Pestanzul ou Bertinzul ou Martimbon ou Omobon ou Omobestia ou então de Monstrengo do Valão ou Gian Paciasso ou Pier Paciugo" (Calvino, 2001, p. 388), no exército, era sempre Gurdulu. Ele não é cavaleiro, é um homem que existe de fato e de direito, mas assume a condição de alguns animais ou frutas quando porventura os encontra pelo caminho. Enquanto alguns o consideravam louco, a narradora da história constrói a ideia de que: "Talvez não se possa chamá-lo de doido: é só alguém que existe mas não tem consciência disso" (Calvino, 2001, p. 388). Já Carlos Magno estabelece um paralelo com Agilulfo, pois diz que: "Aqui temos um súdito que existe mas não tem consciência disso e aquele meu paladino que tem consciência de existir mas de fato não existe. Fazem uma bela dupla, é o que lhes digo!" (Calvino, 2001, p. 388).

Por Gurdulu não ter consciência de sua individualidade, pode ser "um homem sem nome e com todos os nomes possíveis" (Calvino, 2001, p. 411). Além disso, Gurdulu realiza as atividades que Agilulfo lhe ordena, como atividades quaisquer, tanto faz enterrar mortos ou cortar lenhas. Ele as realiza de modo mecânico e sem reflexão. Inicialmente, ele representaria o homem ainda no seu estado de primeira natureza, estágio em que ele não se distingue dessa natureza, pois pensa ser extensão dela, portanto, caberia se sentir como fruta ou animal. Ele poderia ser confundido com algum elemento natural ou "com a cor da terra e das folhas" pelo fato de "estar vestido de farrapos verdes e amarelos desbotados e cheios de remendo, por ter o rosto semeado de sardas e barba hirsuta e desigual" (Calvino, 2001, p. 410-411). Mas, ao se socializar, ele passa da primeira para a segunda natureza, começa a estabelecer relações sociais com os demais, mas relações que continuam inconscientes como a sua existência, pois nelas não existe a afirmação do *ser* enquanto indivíduo, mas sim a sua negação em face à afirmação de uma forma social que se relaciona com os demais como objeto e encara a natureza e tudo que nela existe como parte dessa forma, ou seja, como objeto a ser dominado pelo sujeito, uma dominação que se realiza na produção de mercadorias. Poderíamos pensar que as mercadorias são diferentes umas das outras. Mas essa diferenciação pode até ocorrer no momento em que as pessoas as compram, quando o valor de uso se destaca, porém, as mercadorias são pura forma sem conteúdo, pois somente o que nelas importa é que o tempo de trabalho abstrato que ela contém se realiza em dinheiro. Então, o mundo assume o aspecto de uma massa indiferenciada, que iguala tudo e todos, ideia que ele expressa quando se depara com uma marmita cheia de sopa preparada pelos cozinheiros do acampamento especialmente para ele. Gurdulu começou a comê-la desesperadamente, derramando sobre si uma parte da sopa que estava na marmita e

> Com o caldo que escorria sobre os olhos, parecia cego e avançava gritando: 'Tudo é sopa!', com os braços para a frente como se nadasse, e não via nada além da sopa que lhe recobria os olhos e o rosto, 'Tudo é sopa!', e numa das mãos brandia a colher como se quisesse puxar para si colheradas de tudo aquilo que havia ao redor: 'Tudo é sopa!' (Calvino, 2001, p. 411)

Enquanto presenciava a cena, o conteúdo da fala de Gurdulu produziu uma reflexão perturbadora em Rambaldo:

> mas era mais uma dúvida que um arrepio – que aquele homem que girava ali na frente sem enxergar tivesse razão e o mundo não fosse nada mais que uma imensa sopa sem forma em que tudo se desfazia e tingia com sua substância todo o existente. (Calvino, 2001, p. 412)

Podemos refletir que a época d'*O cavaleiro inexistente* traz algumas semelhanças com um momento da modernidade, precisamente o momento em que o capitalismo se encontra plenamente desenvolvido não só do ponto de vista objetivo, com o desenvolvimento da tecnologia, mas também do ponto de vista subjetivo, com a forma-sujeito burguesa representando uma forma de agir e pensar que tenta ser predominante. É possível estabelecer esse paralelo porque o capitalismo foi capaz de sujeitar toda a população mundial a uma forma de organização social em que, ao mesmo tempo que produziu uma forma de viver, produziu também uma forma de pensar, portanto, uma forma de existência humana. Estão, então, preparadas as condições para que Agilulfos e Gurdulus se proliferem e coloquem em marcha a dominação e a exploração de tudo o que existe.

Referências bibliográficas

ADORNO, T. W. e HORKHEIMER. *Dialética do esclarecimento: fragmentos filosóficos*. Trad.: G. A. Almeida. 2a. ed. Rio de Janeiro: Jorge Zahar Editor, 1986.
BAUMAN, Z. *Vida Para Consumo*. Trad.: C. A. Medeiros. Rio de Janeiro: Jorge Zahar Editor, 2008.
BENJAMIN, W. *Origem do drama trágico alemão*. Trad.: J. Barrento. Belo Horizonte: Autêntica, 2011.
BLOOM, H. *Gênio*. Trad.: J. R. O'Shea. Rio de Janeiro: Objetiva, 2003.
BONURA, G. *Invito alla lettura di Italo Calvino*. Milano: Mursia, 2002.
CALVINO, Italo. *Os nossos antepassados*. Trad. N. Moulin. São Paulo: Companhia das Letras, 2001.
CALVINO, Italo. *Assunto Encerrado*. Trad.: R. Barni. São Paulo: Companhia das Letras, 2006.
CALVINO, Italo. *Sulla fiaba*. 7a. ed. Milano: Mondadori, 2011.
HERBERT, M. *Ideologia da sociedade industrial. O homem unidimensional.* Trad.: Giasoni Rebuá. 4a. ed. Rio de Janeiro: Jorge Zahar Editor, 1973.
KURZ, R. *Razão Sangrenta*. Trad.: F. Barros. São Paulo: Hedra, 2010.
LAUSBERG, H. *Elementos de retórica literária*. Trad.: R. M. R. Fernandes. 5a. ed. Lisboa: Fundação Calouste Gulbenkian, 2004.
MARX, K. *O capital*. Trad.: Régis Barbosa, F. R. Kothe. 2a. ed. São Paulo: Nova Cultural, 1985.
TODOROV, T. *A Literatura em Perigo*. Trad.: C. Meira. Rio de Janeiro: Difel, 2009.

A FORTUNA DE CALVINO NA IMPRENSA PAULISTANA:
os excessos de uma sintonia

Lucia Wataghin[1]

Há várias décadas, estudos sobre a recepção das obras literárias indicam caminhos interessantes. Felix Vodicka já afirmava, num ensaio de 1941, que "somente ao ser lida, a obra se torna esteticamente real" e que o historiador da literatura, prescindindo das avaliações de tipo subjetivo dos leitores "deve descrever e acompanhar a dinamicidade determinada pela polaridade entre a obra e o público". Somente assim "as obras se tornam um objeto da experiência estética e um valor não apenas na esfera da estética mas também no conjunto da vida social" (Vodicka apud Cadioli, 1998, p. 8-9). De acordo com esses princípios, o objetivo de um estudo da recepção de um autor ou de uma obra seria uma avaliação da "fortuna" daquela obra ou daquele autor como fenômeno social, avaliável num conjunto de leitores historicamente identificáveis.

Analogamente, a distinção entre leitor como sujeito que lê e leitor como público receptor (Ricoeur, 1985) abre vários campos de pesquisa: se considerarmos o ato individual da leitura, trataremos sobretudo dos textos, entrando no campo da crítica hermenêutica, da fenomenologia, da estética; por outro lado, se considerarmos o público receptor, entraremos no campo da sociologia da literatura, que se ocupa sobretudo de dados extra-textuais.

O caso da fortuna de Calvino no Brasil, notável pelas suas dimensões extraordinárias, é naturalmente campo de pesquisa ideal para a sociologia da literatura. Descrever sua abrangência e suas modalidades pode nos

---
1. Doutora em Teoria Literária e Literatura Comparada e Livre-Docente em Literatura Italiana pela Universidade de São Paulo. É professora da Área de Língua e Literatura Italiana e do Programa de Pós-Graduação em Língua, Literatura e Cultura Italianas da Universidade de São Paulo. Contato: luciawataghin@gmail.com

dizer algo sobre a cultura e a sociedade receptora e sobre os diferentes "horizontes de expectativas" abertos pela obra de Calvino, nos oferecendo assim referências possíveis para lidar com o problema do subjetivismo da interpretação e do gosto de leitores diferentes (Jauss, 1969). Ao mesmo tempo, uma fortuna como a de Calvino no Brasil e no mundo, com sua riqueza e variedade pode, talvez mais do que fortunas mais modestas, revelar algo também sobre a própria obra.

O nosso caso, o estudo da recepção da obra de Calvino pelo canal de jornais de grande circulação, trata na primeira instância de um tipo de leitor especializado, ainda que não sempre acadêmico (jornalistas, críticos, professores, escritores), com perfil reconhecível, sociológica, cultural, política e ideologicamente. Traços desse perfil se refletem sobre a massa de leitores, tendo um impacto sobre o gosto do público. Por sua vez, o impacto dessas publicações em jornais sobre as vendas provavelmente é quantificável. O caso de Calvino, particularmente, é exemplar pela perfeita sintonia do produto (obras de "alta literatura", brilhantes, elegantes, inatacáveis) com a indústria cultural nacional, especialmente com a editora que adquiriu os direitos de Calvino no Brasil (a Companhia das Letras) e que tradicionalmente publica os melhores títulos, nacionais e internacionais, em várias áreas das ciências humanas.

O estudo pode compreender vários elementos, como dados sobre o número de edições, o volume de vendas, avaliação do impacto sobre correntes, movimentos de ideias, obras específicas; e, ainda, a extensa produção acadêmica no Brasil em torno da obra de Calvino: ensaios, teses, dissertações, encontros de estudos, disciplinas ou partes de disciplinas nas nossas faculdades dedicadas ao estudo do autor.

Proporei aqui apenas alguns dados e reflexões sobre a recepção de Calvino junto a aquele especial tipo de público que é constituído pela crítica jornalística em jornais de grande tiragem como a *Folha* e o *Estado de São Paulo*. Para melhor apreciação da variedade das intervenções, podemos dividir os artigos em grupos:

1. escritos por ocasião de publicações de traduções de Calvino no Brasil;
2. notícias de eventos (por exemplo por ocasião da saída de Calvino do partido comunista em 1957, ou quando do seu apoio a um manifesto contra o regime cubano, junto com Sartre e outros 50 intelectuais, em 21 de maio de 1971, ou, ainda, por ocasião da sua morte em 1985);
3. citações em todos os contextos;

4. citações especialmente em âmbito literário (Calvino clássico e Calvino pós-moderno);
5. Calvino citado como inspirador de obras artísticas diversas (dança, música, fotografia, pintura etc.);
6. Calvino citado, ou estudado, em relação com a pós-modernidade (o seu nome aparece em listas de autores pós-modernos ao lado de Eco, Borges, Cortázar).

Na *Folha de São Paulo* (Ilustrada - 01/10/2013), se encontra uma resenha do livro *Mapping Manhattan*, de Becky Cooper, lançado em abril do mesmo ano nos EUA. Inspirado n'*As cidades invisíveis* de Italo Calvino, o livro desenha "mapas sentimentais de New York" (esse é o título do artigo). Nessa operação de "cartografia subjetiva", escreve o jornalista, Guilherme Genestreti: "a escritora percorreu a ilha nova iorquina de ponta a ponta, entregando mapas em branco a moradores e pedindo que cada um os devolvesse com anotações livres. A proposta era criar um 'quadro emocional' da cidade".

É muito curioso que *As cidades invisíveis*, que certamente não é um livro "fácil", tenha encontrado aceitação a ponto de se constituir como modelo de como se pensar hoje uma cidade. De Nova Iorque a São Paulo, a distância não parece muita, quando encontramos na seção Passeios, no *Estado de São Paulo* (24/05/2013), o seguinte anúncio:

> Lestes imaginários. Com base no livro *Cidades invisíveis* de Italo Calvino e na exposição "Zona Leste: novo olhar", os visitantes são convidados a construir um mapa imaginário da Zona Leste a partir da importância sentimental que os locais têm para o grupo (Casa do Tatuapé etc., sáb. 25, Grátis).

Estas são apenas duas entre centenas de referências, mais ou menos importantes, à obra de Calvino, que se encontram na imprensa paulistana. Uma busca pelo nome "Italo Calvino" nos acervos digitais da *Folha* e do *Estado de São Paulo* confirma que a fortuna de muitas ideias de Calvino aqui no Brasil, sobretudo a partir dos anos 90, foi e ainda é clamorosa. O tema da cidade talvez seja o principal, mas não é o único. O livro *As cidades invisíveis* inspira a peça de Leo Brower, compositor cubano de violão erudito (regente de um Concerto com a Orquestra Sinfônica Municipal em SP, em outubro 2011); companhias de dança, desde os anos 90, compõem obras inspiradas nas obras de Calvino [*Marcovaldo*, *Palomar*, *As cidades invisíveis*; as companhias são: Cia Artesãos do Corpo (dir. Mirtes Calheiros),

Companhia de Dança Palácio das Artes, dir. Cristina Machado, enquanto a inteira edição Dança no Brasil em 2002 inspirou-se no livro *Seis propostas para o próximo milênio*]. O Grupo de teatro Galpão (em 1999) encena peça inspirada em obras de Calvino, assim como a Cia Teatro por um Triz (teatro infantil), em 2011, apresenta uma releitura de contos de Grimm, Calvino, Câmara Cascudo e Sílvio Romero (peça intitulada *Princesas Daqui e Dali*).

É fantástico o sucesso dos títulos: *Seis propostas para o próximo milênio, O visconde partido ao meio, As cidades invisíveis, Se um viajante numa noite de inverno, Por que ler os clássicos,* "O que é um clássico", que por alguma razão se fixaram na memória coletiva, mesmo em tradução, e são utilizados em crônicas, artigos esportivos, artigos sobre os mais variados assuntos. O nome de Calvino e até os títulos de suas obras chegaram aos ouvidos de milhares de pessoas no Brasil. A partir dos anos 90, e cada vez mais nos anos 2000, Calvino é citado a todos os propósitos: a propósito de Natalia Ginzburg (Ivo Barroso, 03/04/2010); de Rushdie (Antonio Gonçalves Gilho, 29/07/2010); de Georges Perec (Silviano Santiago, 13/03/2010). Os mais engraçados talvez sejam os relativos ao futebol (Luiz Zanin: "Seis propostas para 2014", 06/07/2010; e Xico Sá, "A cidade está partida ao meio, como o visconde de Calvino, entre corintianos e...", 12/10/2010) e há até citações *en passant* como a seguinte, sobre literatura japonesa: "Essa apresentação não é mais do que uma ponte, como disse Calvino" (Neide Hissae Nagae, 03/07/2010). Ainda em artigos políticos, há citações brilhantes de Calvino: "O príncipe disfarçado de pobre é a prova de que cada pobre é na realidade um príncipe que sofreu uma usurpação e que deve reconquistar seu reino" (artigo de Eugenio Bucci, "O lulismo vai ao cinema" 14/01/2010). Calvino é citado em artigo sobre Oscar Wilde por Luis Felipe Pondé (FSP, 02/12/2014); é mencionado entre os autores da modernidade por Lorenzo Mammì, no texto para o catálogo da mostra de fotografia de Luigi Ghirri (17/11/2013); em artigo sobre uma mostra do pintor Paul Whitaker; em artigo a propósito de Joseph Roth (26/11/2013); em artigos sobre a escritora paquistana Kamila Shamsie e o escritor brasileiro Alberto Mussa; a propósito das traduções brasileiras de Raymond Roussel, por Manuel da Costa Pinto (Ilustrada de 28/07 a 03/08/2013), sobre a nova tradução de *Os filhos do barro*, de Octávio Paz (livro de ensaios que Paz apresentou nas Charles Norton Lectures em Harvard, em 1972, assim como fizeram, em anos diferentes, Calvino, Eliot e Borges). Calvino é citado até no artigo "Sociedade decepada", do jurista Miguel Reale (28/12/1993), que discute a situação da sociedade brasileira utilizando como metáfora a ideia calviniana do visconde partido ao meio. A variedade é enorme, mas observe-se também a qualidade das citações: ele é citado por outros escritores conceituados (Piglia, Rushie, Milton Hatoum, Enrique Vila Matas, Fellisberto Hernández), ou em artigos sobre outros escritores também prestigiosos: não se fala em Georges Perec, sem citar Calvino... Não há quase evento cultural, artístico, literário nas últimas décadas que não poderia admitir, ou exigir, a menção do nome de Calvino.

O que é certo é que o público de Calvino no Brasil é suficientemente grande para justificar a publicação de todas ou quase todas as suas obras em tradução brasileira. Uma simples busca no acervo virtual da Livraria Cultura mostra que existem em comércio 327 títulos, entre nacionais e importados, ou importáveis, de várias línguas, de obras de Calvino (é verdade que entre eles há alguns textos que não são inteiramente de autoria de Calvino, como uma *Odisseia*, trad. de Trajano Vieira, pela Editora 34, colocada na lista porque contém um texto e notas do autor italiano). É uma popularidade fenomenal, devida talvez ao fato de que Calvino antecipa ou desenvolve exemplarmente e confirma temas úteis para a definição das tendências da sociedade e da cultura (globalizadas) da nossa época. Calvino se tornou um mentor intelectual dos tempos modernos, indicador dos rumos da literatura e do pensamento, capaz de interpretar o mundo presente e futuro. Essa função do escritor pode ser vista como um serviço de vital importância para a sociedade, que de fato o reconhece e consulta constantemente suas obras em busca de definições e respostas.

Afinal, podemos concluir que a quantidade de referências a Calvino neste panorama é muito grande, que o âmbito das referências é em geral culto e sofisticado e que há no Brasil uma quase unanimidade de admiração e elogios pelas obras do autor. Mas a canonização de Calvino no mundo ocidental é global, mas não absoluta. A maravilhosa compreensão, a identificação, a adesão de Calvino ao mundo contemporâneo atraiu, no seu país, algumas críticas, talvez precisamente por ser excessiva. Segundo Carla Benedetti, por exemplo, a atitude de Calvino está "em harmonia com a ideia de literatura dominante" (valor negativo), é uma "atitude de acomodação dentro da instituição, da indústria cultural"; revela uma "concepção epigonal e cemiterial" da literatura, significando uma tendência a evitar o conflito (diz Benedetti: "uma tendência, que é tipicamente italiana, a eludir o trágico") (Benedetti, 1998). Uso essas palavras de C. Benedetti, embora não concorde com sua agressividade, porque me parece que proponham questões que de certa forma existem e merecem uma reflexão. Benedetti não foi a única voz contrária a Calvino nos anos 90; lembro também críticas do escritor Angelo Guglielmi, um dos fundadores do Grupo 63 (junto com Eco e Sanguineti), que insinuava que Calvino com seu livro *Se um viajante numa noite de inverno* tentasse seduzir e adular o leitor médio. Em defesa de Calvino, em 1997, Ceserani, em seu importante estudo sobre o pós-modernismo, respondia a críticas de Guglielmi, definindo-as "típicas das vanguardas literárias" e "high modern". Ou seja, substancialmente, críticas que ignoram o contexto da pós-modernidade em que Calvino é inserido.

Segundo Ceserani, com suas *Seis propostas para o próximo milênio*, Calvino traçou (mas não terminou de traçar, porque, como se sabe, o livro é incompleto) a melhor radiografia, o melhor mapa da cultura e das sociedades pós-modernas (Ceserani, 1997, p. 173). Quatro das seis "propostas" (memos) de Calvino para a literatura no próximo milênio (visibilidade, rapidez, leveza e multiplicidade) são categorias utilizadas para descrever a pós-modernidade (acredito que as outras duas, exatidão e consistência, são típicas, pelo contrário, da modernidade). Leveza, multiplicidade e rapidez são listadas e analisadas como novas qualidades ou condições da vida contemporânea nas primeiras páginas do livro *Vida líquida* (2009) de outro teórico da pós-modernidade, o sociólogo Zygmunt Bauman (por sinal, um autor tão popular quanto Calvino), com mais de 30 livros traduzidos e publicados no Brasil pela editora Zahar. Precisamente na introdução, intitulada "Sobre a vida num mundo líquido-moderno", Bauman utiliza um trecho d'*As cidades invisíveis* para falar da sociedade das pessoas (das elites) que dominam a arte da "vida líquida" e sofrem de "aquiescência à desorientação, imunidade à vertigem, adaptação ao estado de tontura, tolerância à falta de itinerário e direção e à duração indefinida da viagem" (Bauman, 2009, p. 11).

A cidade calviniana que Bauman escolhe para complementar sua descrição dessa condição é Eutrópia:

> O horizonte ideal provavelmente seria Eutrópia, uma das Cidades invisíveis de Italo Calvino, cujos habitantes, no dia "em que sentem o aperto da exaustão e não conseguem mais manter o emprego, os parentes, a casa e a vida", "mudam-se para a cidade vizinha", onde "cada um vai assumir um novo emprego, uma esposa diferente, ver outra paisagem ao abrir a janela e gastar o tempo com diferentes passatempos, amigos, bisbilhotices". (Bauman, 2009, p. 11)

Ceserani está certo em sua avaliação de Calvino como autor da melhor análise da sociedade e da cultura contemporânea e isso é demonstrado, em parte, pelo entusiasmo com o qual ele é acolhido pelas partes mais críticas e conscientes desta mesma sociedade. Por outro lado, acho que há algo inquietante na adesão de Calvino, naquela que pode parecer concordância com as novas regras do mundo. Parece-me que as críticas citadas acima apontem para uma verdade interessante: a pouca resistência de Calvino às condições da nossa moderna "vida líquida". Evidentemente, muitos esperam que haja uma resistência; por outro lado, a metáfora da vida líquida sugere justamente tipos de resistência diferentes dos que conhecemos. Com a pós-modernidade Calvino compartilha muitas ideias e atitudes: o predomínio da vista sobre os outros sentidos, a "visibilidade", o triunfo da superfície, da distância. A reavaliação do papel do leitor na obra de Calvino, tão aderente às modernas teorias da recepção, é ligada ao tema, comum a Calvino e a toda a pós-modernidade, do enfraquecimento do eu, da perda de importância do sujeito. O que é curioso é que, nesse sentido, Calvino parece ter nascido na sociedade pós-moderna (e não apenas ter crescido numa sociedade que acabou se tornando o que é). Parece que sua falta de resistência (que convive, de qualquer forma, com uma formidável capacidade de análise crítica do mundo, da sociedade e da cultura, da literatura e das artes, do passado e da modernidade) seja de fato uma espécie de resistência diferente, muito pessoal, típica da personalidade do escritor e, ao mesmo tempo, muito próxima ao caráter da nova época, constituindo uma sintonia, que parece espontânea e quase "natural", de Calvino com os novos rumos do mundo. Um ótimo ensaio de Frank Mc Shane, publicado no *New York Times Magazine* e retomado pelo *Estado de São Paulo*, em 29/09/1985, após colocar Calvino entre os mais ilustres escritores contemporâneos, ao lado de Nabokov, Borges, Cortázar, termina lembrando um dos poucos trechos "autobiográficos" de Calvino. Aqui Calvino fala de si mesmo, mas fala justamente de um desejo de impessoalidade e dissolução consoante com o tempo e o contexto em questão:

> Eu detesto ser pessoal demais. Considero minha individualidade como sendo um obstáculo à minha expressão do mundo. Por isso escrevi *Se um viajante numa noite de inverno* para mostrar quão bem eu seria capaz de escrever se eu não existisse.

Referências bibliográficas

BAUMAN, Z. *Vida líquida*. Rio de Janeiro: Ed. Jorge Zahar, 2009.
BENEDETTI, C. *Pasolini contro Calvino. Per una letteratura impura*. Turim: Bollati Boringhieri, 1998.
CADIOLI, A. *La ricezione*. Roma-Bari: Laterza, 1998.
CADIOLI, A. *Le diverse pagine. Il testo letterario tra scrittore, editore, lettore*. Milão: Il Saggiatore, 2012, p. 8-9.
CESERANI, R. *Raccontare il postmoderno*. Turim: Bollati Boringhieri, 1997.
JAUSS, H. R. *Perché la storia della letteratura?* Nápoles: Guida, 1969.
RICOEUR, P. *Temps et récit 3: Le temps raconté*. Paris: Seuil, 1985.

1ª EDIÇÃO [2015]

Esta obra foi composta em Minion Pro e Din sobre papel
Pólen Soft 80 g/m² para a Relicário Edições e
impressa na Imprensa Universitária da UFMG.